学校や家庭で
できる！

SST&
運動プログラム
トレーニングブック

編著 … 綿引清勝・島田博祐

学苑社

はじめに

　筆者らが SST と運動プログラムを組み合わせた実践を始めたのは、ちょうど 10 年ぐらい前になります。当時、公立の特別支援学校で体育の教員をしていた私に、明星大学で SST の実践をされていた島田先生が、「よかったら SST に運動プログラムを取り入れてみませんか？」とお声かけをいただいたのがきっかけでした。

　そのような経緯から、本書でご紹介している SST や運動プログラムの主な実践は、明星大学が地域貢献の意味合いも含めて教育学部で実施している「発達指導支援法 1・2」の授業の一環として、AD/HD、ASD、DCD などの発達障害がある子どもたちを対象に行なってきたものです。これらのプログラムは医療機関や療育施設等の SST と比較をすると学生スタッフが多く関わっているという特徴がありますが、島田先生をはじめとした関係の先生方が丁寧に監督指導や実践の省察を行い、内容はとてもしっかりとしたものになっています。その結果が、継続して長く活動に参加している児童生徒にもつながっており、空いている時間には学生たちに学校の勉強を教わるなど、子どもたちと学生にとっての喜ばしい成長を感じる場面がたくさん見受けられます。

　また、教職課程で教員を目指す学生たちにとっても特別な支援を必要とする子どもたちとの関わりは大変貴重な実学の機会となっており、座学では学ぶことが難しい教育本来の楽しさと難しさを経験する有用な交流の場となっています。近年は、「サードプレイス」といって家庭、学校に次ぐ第三の居場所に注目が向けられるようになってきましたが、「ここでは自分らしくいられる」「ここでは失敗しても大丈夫」など、単に学習やトレーニングをする場所ではなく、安心して社会とつながることができる余暇活動の側面も有した有用な場だといえるでしょう。

　しかしながら、この 2 年間はコロナ禍で全く活動ができなかった時期もあり、どうやって継続していくかだけでなく、どうやって学びの機会を保障していくかも大きな課題となりました。具体的には、指導者や場所など人的環境や物的環境の変化があっても、継続して学習に取り組めるシステムやサポートの問題です。そこで、これまで筆者らが実践してきた SST や運動プログラムを「どこでも」「だれでも」実施できるように体系化していく必要性が、本書の企画につながりました。

本書は大きく SST と運動プログラムの 2 部構成になっており、さらに「実践編」と「解説編」という形で実践に対して、その理論的な背景を解説する形式をとっています。

　「実践編」では、明星大学で実施してきた SST に加えて、特別支援学校などでも実践してきた運動プログラムを、それぞれ 25 事例ずつ紹介しています。本書の特色の 1 つに SST と運動プログラムを組み合わせた構成というポイントがありますが、それ以外にもちょっとしたスペースや小物などがあれば実施できるプログラムを中心に提案しているので、家庭や学校でも容易に再現することが可能となっています。また、よくあるハウツー本の落とし穴として、画一された方法論に子どもを当てはめようとすることで、課題やねらいがズレてしまうということがありますが、本書ではそういった落とし穴へはまらずに子どもの実態や課題に応じたプログラムを工夫することができるよう「展開の応用例」と「配慮事項」までを示しました。

　「解説編」では、SST とは何かという理論的背景に加えて、SST の展開方法の原理・原則を丁寧にわかりやすい言葉で解説をしました。運動プログラムの解説では、発達障害のある子どもたちの身体的不器用さを理解する視点として発達性協調運動症 / 発達性協調運動障害を取り上げ、他の発達障害にも見られる協調運動の発達のつまずきと社会性の発達との関連についても整理をしました。また、運動プログラムを実践していくポイントとしてアダプテッド・スポーツの視点にも触れることで、様々な運動プログラムを子どもたちの発達課題に応じて適正に実施していくための方略を示しています。

　両プログラムには、必ず活動の「ねらい」があります。プログラムを実施していく際には、はじめにこのねらいを参照いただき、その子の課題に対してどんな力をつけることがその子にとっての豊かな生活につながるかを想像してください。その上で、なぜそのプログラムが必要なのか、あるいは本書以外のプログラムをどう考案すればよいかなど、発展的に実践力を高めていくには、「実践編」と「解説編」とを往還いただくことが、より深い学びにつながることでしょう。

　様子を見ているだけでは、問題は解決しません。だからこそ、本書がこれから教職を志す学生だけではなく、教育・保育現場の実践やご家庭でのトレーニングの一助になれば幸いです。

2023 年 5 月

綿引　清勝

第2章 **SST プログラム解説編**　　　　　　　　　　　59

第3章 **運動プログラム実践編**　　　　　　　　　　　71

第4章　運動プログラム解説編　　　123

第1章

SSTプログラム実践編

本章では、ゲームを用いた SST（ゲームリハーサル）を 25 篇紹介する。内容はソーシャルスキルに加え、注意集中・判断推理など認知機能の向上も企図した。特別な用具は不要で、学校や施設で手軽にできるものである。個々のゲーム題材のねらいや評価のポイントも併せて示した。

1 コミュニケーションボール

1 ねらい

・自己紹介を含め、自己表現する。(自己紹介・自己表現スキル)

・他のメンバーの話をきちんと聞く。(傾聴スキル)

・指示に従った動きをする。(指示理解、聴覚理解、注意力)

・親睦を深める。(アイスブレイク)

2 やり方

○ メンバーでサークルを作る。サークルの大きさは直径3メートル以上。

○ サークルの真ん中に用意した質問の書いてあるクジとクジ箱を置く。

○ ボール回しのときに言うテーマ(食べ物、動物、しりとりなど)を決める。

○ ボールを持った者がテーマを言いながらボールを回す(1分間)。

○ 司会は時々リバース(反対に回す)、スキップ(1つおきに回す)などの指示を出す。

○ 途中でテーマや司会の指示を間違えたり、時間終了した際にストップがかかった場所の者がクジを引き、クジに書いてある質問に答える。

3 教材

・バレーボール(100円ショップのビニールボールで代用可)

・ストップウォッチまたはタイマー

・クジとクジ箱

4 活動のイメージ

5 ○展開の応用例／●配慮事項

○ テーマの代わりにしりとりにしてもよい。

● クジに書いてある質問は、簡単で答えやすいものを準備する。

● 質問が答えにくい、あるいは答えたくないときはパスを OK にする。無理強いしない。

6 活動に対する評価のポイント

・テーマにあった言葉を言いボールを回せたか。（指示理解、聴覚理解、注意力）

・司会者の指示に対応できたか。（指示理解、聴覚理解、注意力）

・クジに書いてある質問に答えることができたか。（自己紹介・自己表現スキル）

・メンバーが質問に答えている際に、しっかり聞くことができるか。（傾聴スキル）

・互いに情報交換し、親睦を深めることができたか。（アイスブレイク）

2 明星百科事典

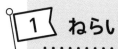

1 ねらい

・自分の意見・知識を明確に示す。（自己主張スキル）

・他のメンバーからの意見・知識も受け入れ、グループ内で効率的に意見表明し、記録する。（他者受容・協力スキル）

・親睦を深める。（アイスブレイク）

2 やり方

○ 司会が提示したカテゴリー（例：動物や食べ物）に属する言葉を制限時間内（3分間）にできるだけ多くあげ、グループ間で回答数を比較し、勝敗を決める。

○ 3〜5名程度の小グループに分かれ、サークルになる。

○ 記入係を決める。記入係はメンバーが発言した言葉をメモする。メンバーは記入係が記入しやすいよう、順番に発言する。

○ 司会がカテゴリーを示した後にスタート。制限時間経過後、各グループで回答数を数え発表する。

3 教材

・紙

・筆記用具（鉛筆など）

・バインダー

・ストップウォッチまたはタイマー

活動のイメージ

 ○展開の応用例／●配慮事項

○ オプションとして、悪魔ワード（回答数から減点される単語：マイナス〇点など）と天使ワード（回答数から加点される単語：プラス〇点など）を併せて準備し、制限時間後にヒント（例：悪魔ワードは3文字で赤い、天使ワードも3文字）を与え、各グループで該当する言葉が含まれているかを話し合い、あると考えた場合、削除するチャンスを与える。これにより、推理思考を含む話し合いスキルも練習できる。

● グループ同士の声が聞こえないように、距離をできるだけ離す。

● 記入係は、記入の早さから子どものサポートをする補助者が行うのが望ましいが、参加児が希望した場合は任せる。

6 活動に対する評価のポイント

・自分の意見を出すことができていたか。（自己主張スキル）

・他のメンバーの意見を聞くことができていたか。（他者受容・協力スキル）

・互いに情報交換し、親睦を深めることができたか。（アイスブレイク）

3 ボスを探せ！（震源地ゲーム）

1 ねらい

〈探偵役（ペア）〉

・動作の変化に注意を払い、発信源を見つける。（注意力・観察力）

・ペア同士で協力、役割分担し発信源を見つける。（協力スキル）

〈パフォーマンス役〉

・ボス役：探偵役に見つからないように動作を伝える。（非言語コミュニケーション）

・他メンバー：探偵役に見つからないように動作を模倣する。

（注意力・観察力・非言語コミュニケーション）

2 やり方

○ 探偵役（ペア）とパフォーマンス役に分かれ、パフォーマンス役はボス（リーダー）の動作を模倣し、探偵役はその動きを見て、誰がボスなのかを発見する。

○ 探偵役（ペア）は一時退出し、その間にパフォーマンス役（5〜10名）はボス1名を決める。ボスは動きだし（手を叩く、足踏みなど）の指示役を務める。

○ パフォーマンス役はサークル上に座り、探偵役は中央に立つ。

○ パフォーマンス役はボスの動きをまねて、自身の動きも変える（例：ボスが手を叩けば他メンバーも手を叩く、次に腰を叩けば同様に腰を叩く）。

○ 探偵役は、ペアで役割分担し、ボスが誰かを探す。

3 教材

・特になし（椅子や楽器などがあれば動きにバリエーションが増える）

4 活動のイメージ

5 ○展開の応用例／●配慮事項

○ カスタネット、タンバリンなど手に持てる楽器などを使ってもよい。

● パフォーマンス役はボスが誰かをばれないように、発声したり、余計な視線を向けたりしないようにする。

6 活動に対する評価のポイント

〈探偵役（ペア）〉

・動作の変化に注意を払い、発信源を見つけられたか。（注意力・観察力）

・ペア同士で協力、役割分担できていたか。（協力スキル）

〈パフォーマンス役〉

・ボス役：見つからないように動作を伝えていたか。（非言語コミュニケーション）

・他メンバー：不自然な視線などを送らずに、動作を模倣できていたか。（注意力・観察力・非言語コミュニケーション）

4 ミックスボイス

1 ねらい

・SST 前半の注意集中を促すウォーミングアップとして使う。

〈声だし役（3 〜 4 名）〉

・声だしのタイミングを合わせる。（協力スキル・注意力）

・使用する言葉を話し合いで考える。（話し合いスキル）

〈解答役〉

・複数の声の内容（物の名前など）を注意して聞き取る。（傾聴スキル・注意力）

2 やり方

○ 声だし役と解答役に分かれ、声だし役は同時に、各自が違う言葉を言う。
　解答役は声だし役が言った複数の言葉を全部聞き取り、何かを答える。

○ 声だし役（3 〜 4 名）と解答役に分かれる。

○ 声だし役は異なる言葉（例：くじら、ゴリラ、コブラなど）を人数分準備
　する。

○ 声だし役は、それらの言葉を同タイミングで同時に発声する。

○ 解答役はそれを聞き、全ての言葉を全て答える。

3 教材

・声だし役が用いる複数の言葉（例：くじら、ゴリラ、コブラなど）

活動のイメージ

 ○展開の応用例／●配慮事項

○ より高度になるが、声だし役が各自一音ずつ発音し、それをつなぐと１つの単語となるものを見つけるやり方もある（例：“い”“か”“だ”→イカダ）

● 声だしは、解答役が声だし役の方に向き、集中させてから実施する。

● 声だし役の話し合いで、適切な言葉が出なかった場合のバックアップとして司会者はいくつか例を準備しておく。

● 通常声だし役は３〜４名だが年齢や発達レベルにより、増減させてもよい。

活動に対する評価のポイント

〈声だし役〉

・ミックスボイスで使う言葉を話し合いで決められたか。（話し合いスキル）

・声だしのタイミングを合わせることができたか。（協力スキル・注意力）

〈解答役〉

・複数の声の内容（物の名前など）を注意して聞き取ることができたか。

　（傾聴スキル・注意力）

5 新しい 10 のとびら

1 ねらい

・手をあげ指示後に質問する、順番を守る、質問を遮らない。(質問回答スキル)

・前の人の質問をよく聞き、回答に生かす。(傾聴スキル・注意力・推理力)

・正しい答えを導き出すために話し合う。(話し合いスキル・推理思考)

・魔法カードを用いる判断・戦略。(話し合いスキル・判断力)

2 やり方

○ 出題者役(問題を出し質問に答える:1～2名)と質疑者役(質問を行い解答を出す、3～5名程度)に分かれる。

○ 出題者役が答えとなる言葉(食べ物・動物名など)を準備し、紙に書く。

○ 質疑者役は出題者役が「はい・いいえ」で答えられる 10 個の質問を行い、書いた言葉を当てる。

　　→正誤例:○それは丸いですか?　　×それはどんな形ですか?

○ 質疑者役は質問中に 1 回だけ魔法カード(「はい・いいえ」で答える以外の質問ができる=質問例:「それはどんな形ですか?」)を使える。

○ 10 個の質問後に質疑者役はメンバー同士で話し合い、正答を出す。

○ 質問が 10 個に達する前に正答が出た場合は、そこで終了となる。

3 教材

・紙と筆記用具(鉛筆など)

・魔法カード(普通の紙に「魔法カード」と書いただけでもよい)

活動のイメージ

魔法カード

 ○展開の応用例／●配慮事項

○ 人数によりチーム対抗戦形式にもできる。その場合は質疑者チーム同士が交互に質問する。チーム対抗戦形式で魔法カードの提示があった場合、出題者役は口頭ではなく、提示したチームのみに紙に書いて伝える。

○ オプションとして、出題者役を子どもがやることもできる。その場合は、勝手に答えやヒントを言わなかったか。（自制心）／迷ったとき、ペアの友達と相談できたか。（協力スキル）／わからないとき、適切な形で、周囲に助けを求めたか。（援助要求スキル）などの練習ができる。

● 出題者役は質問に対しできるだけ「はい・いいえ」で答えるが、それが難しい場合はそれ以外も許可する（例：「それは生きていますか？→［答えがアニメキャラの場合］：「生きているけど、現実の世界にはいません」）。

● 質疑者役は質疑内容を紙に記録しておくと役立つ。参加者の注意・記憶面が不十分な場合は、司会者がボード上に書き出してもよい。

 活動に対する評価のポイント

・質問者役：手をあげ質問できたか／順番を守れたか／発言を遮らなかったか。（質問回答スキル）／質問と回答をよく聞き、生かしていたか。（注意力・推理思考）／魔法カード使用や答えの出し方を話し合えたか。（話し合いスキル）

6　スリーヒントゲーム

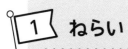
1　ねらい

〈質問・解答者役（2〜6名）〉

・手をあげて質問する・発言を遮らない。（質問回答スキル）

・ヒントと質問回答をもとに話し合い、適切な答えを出す。

　（話し合いスキル・推理思考）

〈出題者役（1〜2名）〉（子どもがやるときは必ず2名）

・勝手に答えやヒントを言わない。（自制心）

・質問への回答がわからないとき、適宜周囲に助けを求める。（援助要求スキル）

2　やり方

○ 質問・解答者役（答えを出す）と出題者役（問題を出す、1〜2名）に分かれる。

○ 出題者役はテーマ（人・物・イベントなどの名称）を考えて3つヒントを言う。

　例：①それは丸いです、②食べられます、③甘酸っぱいです　→答：リンゴ

○ ヒントから想定されるテーマに関しグループで話し合った上で、1〜2個の追加質問をする（「はい・いいえ」で答える質問でなくてもOK）。

○ 3つのヒントと質問をもとに、グループで話し合い、解答を決める。

3　教材

・筆記用具（鉛筆など）　・バインダー　・テーマを書いた紙

4 活動のイメージ

5 〇展開の応用例／●配慮事項

〇「7.ヒントある・なしクイズ」が応用例。こちらの方が簡単で低年齢向き。

● 答えは参加する子どもの発達レベル・知的レベルを考慮し、設定すること。

● 出題者役を子どもがやる場合は、自己本位のマニアックなものでなく、皆が考えてわかるものにするようアドバイスする。

6 活動に対する評価のポイント

〈質問・解答者役〉

・話し合いを通じ適切な質問を考え、行えたか。（話し合いスキル・質問回答スキル）

・ヒントと質問から正答を推理し、話し合えたか。（話し合いスキル・推理思考）

〈出題者役〉

・勝手に答えやヒントを言わず、質問に適切に回答できたか。（自制心・質問回答スキル）

・質問への回答がわからないとき、適宜周囲に助けを求めることができたか。（援助要求スキル）

7 ヒントある・なしクイズ

 1 ねらい

・他のメンバーからの意見・知識も受け入れ、グループ内で効率的に意見表
明する。(傾聴スキル・協力スキル・自己主張スキル)

・推理思考を伴う討論ができる。(推理思考・話し合いスキル)

2 やり方

○ 用意した 3 つの「ある・なし」ヒントから推理し、共通する項目を当てる

○ 3 〜 6 名程度の小グループに分かれサークルになる。

○ 出題者役は予め準備した問題(参考例は以下)を口頭あるいは板書で示す。

例:ある:①ある:双子 / ない:三つ子　②ある:カニ / ない:エビ

③ある:ヤギ / ない:ブタ　→答:星座

○ 3 つのヒントから共通するカテゴリーにあたる言葉をグループで話し合い、
決める(制限時間は 2 〜 3 分程度)。

○ 制限時間内に答えが出ない場合、ヒントを 1 つのみ出題者役が出す。

 3 教材

・ストップウォッチまたはタイマー

・3 つのあるなしヒント

＊対抗戦形式の場合はそれに加え、紙・鉛筆、バインダーを準備。

4　活動のイメージ

答え：海

 5　○展開の応用例／●配慮事項

○１つのグループでもよいし、複数グループによる対抗戦形式にしてもよい。

○出題者役は通常は司会者が行うが、参加する子どもにやらせてもよい。その場合は、答えを勝手に言わなかったか、適切なヒントを考え、困ったら助けを求めることができたかなど自制心・援助要求スキルが練習できる。

●対抗戦形式の場合、グループ間の距離をできるだけ離し、解答は紙に書く。

●子どもが出題者をやる際は、補助者が必要に応じサポートする。

●３つのヒントの内容は参加する子どもの発達レベルを考慮して作成する。

6　活動に対する評価のポイント

・自分の意見を出すことができていたか。（自己主張スキル）

・他のメンバーの意見を聞くことができていたか。（傾聴スキル）

・話し合いをきちんとし、論理的に答えを導き出したか。（話し合いスキル・推理思考）

8 助け合いしりとり

1 ねらい

・テーマ縛りのあるしりとりを行う中で、言葉が出てこない場合、手をあげて、仲間に助けを求める。（援助要求スキル）

・助けてもらった場合は、必ず「ありがとう」と言う。（感謝スキル）

・互いに助け合い、制限時間内になるべく多く言葉をつなぐ。（協力スキル）

2 やり方

○ テーマ縛りのあるしりとりをする。制限時間内にできるだけ多くの言葉をつなげる。言葉が出ない場合、手をあげて「ヘルプ」と言い、仲間に助けてもらえる。

○ サークルを作る。5〜10名が望ましい。

○ しりとりの縛りテーマを提示する（例：動物名だけでしりとりをする）。

○ 左周りにしりとりを回す。制限時間は3分程度とする。

○ 言葉が出ない場合、挙手して仲間に助けを求める。

○ 仲間に助けてもらったら、必ず「ありがとう」と言う。「ありがとう」を言い忘れたら、10秒間しりとりがストップする（ペナルティ）。

3 教材

・ストップウォッチまたはタイマー

4　活動のイメージ

○展開の応用例／●配慮事項

○ 多人数の場合はチーム対抗戦にし、言葉数の多さを競ってもよい。

● 予めルール（特にペナルティに関し）をきちんと伝えておく。

● 援助要求場面を引き出すために、テーマ縛りのしりとりにしているが、子どもの発達レベルから難しい場合は、通常のしりとりにしてもよい（「4 活動のイメージ」を参照）。

活動に対する評価のポイント

・困ったとき、挙手し援助を求めることができたか。（援助要求スキル）

・助けてもらったときにお礼「ありがとう」が言えたか。（感謝スキル）

・助け合いながら、しりとりができたか。（協力スキル）

9 絵の伝達

1 ねらい

〈話し役（絵の内容を説明する）〉

・情報を整理して伝える。（情報整理・言語コミュニケーション）

・聞き役の質問に適切に対応する。（言語コミュニケーション）

〈聞き役（絵を描く）〉

・相手の話を集中して傾聴し、わからない点を適切に質問できる。（傾聴スキル・質問スキル）

2 やり方

○ 2名でペアを組み、話し役と聞き役に分かれる。聞き役は複数名になっても大丈夫だが、話し役は1名とする。

○ 話し役と聞き役の間に互いの顔が隠れる程度の衝立を置くか、「4　活動のイメージ」のように後ろから立つ。

○ 話し役は予め準備した絵の内容を見ながら、（見えない）聞き役が正確に例題の絵を描けるように、言葉で説明する。

○ 聞き役は、わからない点を質問し、その回答を聞きながら絵を再現する。

3 教材

・ストップウォッチまたはタイマー

・鉛筆、紙

・予め準備したイラスト絵、衝立

4 活動のイメージ

 5 ○展開の応用例／●配慮事項

○ 話し役が聞き役の描く絵を見ながら、修正指示を随時行っていく方法もある（一対一の場合のみ）。

● 話し役はできるだけ言葉のみで説明するように指示する。

● 重要なのは絵の内容の再現であり、稚拙は関係ないことを予め伝える。

● 描画に抵抗がある場合は、レゴや予め準備した形・絵カードの再現でも可。

6 活動に対する評価のポイント

〈話し役〉

・情報を整理し、相手に分かりやすく説明できていたか。（情報整理・言語コミュニケーション）

・聞き役の質問に適切に答えていたか。（質問回答スキル）

〈聞き役〉

・話をよく聞き、分からない点を話し役に適切に質問できていたか。（質問スキル・傾聴スキル）

25

10 多数派あてゲーム

1 ねらい

〈質問回答者側＝予想する側〉

・どちらを「好き」に選ぶ人が多いか（多数派）を予想する。（情報整理・推理思考）

・正しい予想を導くために適切な質問をする。（質問スキル）

〈選択提示者側＝予想される側〉

・質問に対し、的確な選択判断をする。（自己選択・自己決定）

2 やり方

○「選択提示者」3 〜 10名と「質問回答者」（人数指定なし）に分かれる。

○「どちらが好きか」のお題を提示する（例：犬と猫、カレーとスパゲティ）

○「選択提示者」は、質問回答者に見られないように、紙に好きな方を書く。

○ 質問回答者は、選択提示者に 3 〜 4 個程度の質問をし、選択提示者は質問に該当する場合、手をあげる。例：「辛いものが好きな人は手を挙げて」

○ 質問ルールとして、題材がカレーとスパゲティの場合、直接に選択肢を問う質問（「カレーが好きな人は手を挙げて」）や選択肢を問うものでなくても、挙手が 2 回必要な比較質問（「インドとイタリアどっちが好き？」）は禁止。

3 教材

・紙と筆記用具（鉛筆など）

・比較する題材（例：猫と犬、カレーとスパゲティなど）

4 活動のイメージ

5 ○展開の応用例／●配慮事項

○「好き」の多数派を選ぶのが基本だが、「嫌い」の多数派を選ぶ形でもよい。

● 順番に全員が質問できるなどの配慮をする。

● 比較題材は参加する子どもの発達・知識レベルを考慮して作成する。

● 選択提示者が偶数の場合、同数でという予想もありとする。

6 活動に対する評価のポイント

〈質問回答者〉

・予想につながる適切な質問をすることができたか。（質問スキル）

・質問の回答（挙手数）から正確な予想を導いたか。（推理思考）

〈選択提示者〉

・質問に対し、的確な選択判断ができたか。（自己選択・自己決定）

11 仲間を探せ

1 ねらい

・相手の回答に注意を払い、内容を聞き取る。（注意力・集中力）

・適切な質問をし、質問されたときには適切に答える。（質問回答スキル）

・相手の回答から、同じ仲間かを判断する。（情報整理・推理力）

・勝手に自分の持つカード内容を言わない。（自制心・自己統制）

2 やり方

○ 特徴を互いに質問し合いながら、同じ仲間同士で集まるゲーム。

○ 参加人数に合わせ、2～4種類のカード（例：動物名が書かれたもの）を
準備する。カードは2～3名につき1種類。例えば6名なら3種類（例：
ライオン・キリン・象）。

○ カードを各参加者に配布。参加者は他者にカード名を知らせてはならない。
また質問の際にカード名を聞いてはならない。あくまでも特徴のみを質問する。

例：誤った質問：「あなたはライオンですか？」

正しい質問：「たてがみとかはある？」

○ 3分間の制限時間内に質問をしながら、同じ仲間同士で集まれれば成功。

3 教材

・バインダーに挟んだ紙（A4判）（1ゲームに1人1枚程度用意する）

・鉛筆

・参加人数分の題材の名称が書かれたカード

活動のイメージ

 ○展開の応用例／●配慮事項

○ 動物名や人物名以外に、色や形違いの幾何学図形を題材にすることも可能。

○ 参加メンバー名と特徴の項目をメモする紙を準備し、筆記用具とともにバインダーに挟むことで、メモ習慣を形成することも可能。

● カード内容は参加する子どもの発達レベル・知的レベルを考慮し、設定すること。似た特徴をもつカード同士の方が難しい（例：クジラとシャチ）。

 活動に対する評価のポイント

・相手の回答に注意を払い、内容を聞き取れていたか。（注意力・集中力）

・適切な質問をし、質問されたときには適切に答えられたか。（質問回答スキル）

・相手の回答から、同じ仲間かを判断することができたか。（情報整理・推理力）

・勝手に自分の持つカード内容を言わなかったか。（自制心・自己統制）

12 伝言サイレント コミュニケーション

 1 ねらい

・しゃべり言葉を使わず、ジュスチャー（物まね動作）のみで内容を伝達する。（非言語コミュニケーション・自制心）

・相手のジェスチャーに注目し、該当する内容をあてる。（注意力・観察力）

 2 やり方

◯ ４名以上で実施する。ジェスチャー役と解答役に分かれ、活動イメージの隊形で、互いに背を向ける形で交互に座る。ゲーム中は声を出さない。

◯ ジェスチャー役が背を向けている解答役に正面を向くように言い、問題のジュスチャーを演じ、解答役は声を出さずに紙にそれが何かを書く。

◯ 紙を見た２人目のジェスチャー役がジュスチャーを演じ、２人目の解答役が紙に書く。これ以降この順を繰り返し、最後は解答役で終わるようにする。

◯ 最後の解答者が書いた言葉と最初に出されたお題を照合し、当たっているかを見る。誤りだった場合は、どこで違ったか全員で確かめる。

 3 教材

・紙

・鉛筆

・バインダー

・ジェスチャーの題材

4　活動のイメージ

＊「最初のジェスチャー役　→　最初の解答役（紙に書き伝える）→２人目のジャスシャー役　→２人
目の解答役」となる

5　○展開の応用例／●配慮事項

○ 基本は「サル」とか「野球」とか単一名のジェスチャーだが、「サルが木から落ちたところ」など状況を表す難易度が高いテーマにすることも可能。

● ジェスチャーの内容は参加する子どもの発達レベルを考慮して作成する。ジェスチャーに抵抗がある子どもは解答役になってもらう。

6　活動に対する評価のポイント

・ジュスチャー（物まね動作）のみで、正確に内容を伝達できたか。（非言語コミュニケーション）

・しゃべらずに実行できたか。（自制心）

・相手のジェスチャーに注目し、十分な観察ができていたか。（観察力・注意力）

13 ペアジェスチャー

1 ねらい

・ペアで協力してジェスチャー（物まね動作）を行い、内容を伝達する。
（非言語コミュニケーション・協力スキル）
・ジェスチャーに注目し、該当する内容をあてる。（注意力・観察力）
・ジェスチャーだけで声は出さない。（自制心）

2 やり方

○ 2名でペアとなりお題ボックスから、お題の書かれた紙をひき、お題のジェスチャーを演じ、他のメンバーはそれを当てる。

○ 活動イラストに示すような体形をつくる。制限時間は 3 ～ 5 分程度とする。

○ 2名ペアとなりお題ボックスから、ジェスチャーお題の書かれた紙をひく。

○ ペアでお題のジェスチャーを演じ、他のメンバーはそれを当てる。

○ 当てられたら向かって右側の 1 名のみ退き、左側の 1 名は残る。

○ ここまでの手順を繰り返し、制限時間になったら終了。

○ 何個正答が出たかを数える（当たった紙の置き場所を決めておくとよい）。

○ 人数は最低 3 名でも可能だが、5 ～ 6 名以上での実施が望ましい。

3 教材

・お題ボックス（小さめ段ボール）　・ジェスチャーお題
・ストップウォッチまたはタイマー

4 活動のイメージ

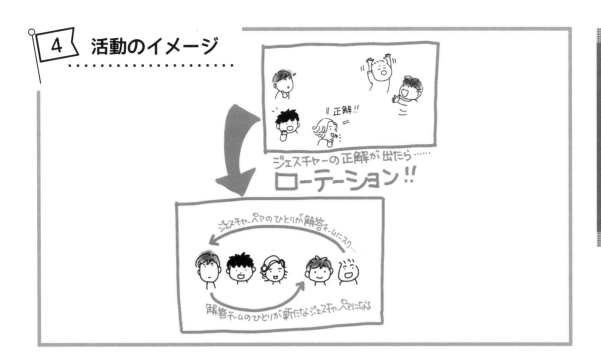

ジェスチャーの正解が出たら……
ローテーション!!

ジェスチャーペアのひとりが解答チームに入り……

解答チームのひとりが新たなジェスチャーペアになる

5 ○展開の応用例／●配慮事項

○ オプションとして、人数が多い場合は2組に分け、対抗リレー形式も可能。
その場合、勝ち負けにこだわらず楽しめたか（感情統制）を練習できる。

● お題は、なるべくペアで演じやすいものを選ぶ（例：野球、もちつきなど）。

● どうしても正答が出ない場合はパスOKとし、次のお題をひいてもよい。

6 活動に対する評価のポイント

・ジェスチャー（物まね動作）のみで、正確に内容を伝達できたか。（非言語
コミュニケーション）

・しゃべらずに実行できたか。（自制心）

・ジェスチャーに注目し、十分な観察ができていたか。（観察力・注意力）

・ペアで協力してジェスチャーができたか。（協力スキル）

どんな気持ちか当ててみよう

1 ねらい

- 相手の気持ちや状況を推察する。(非言語コミュニケーション)
- 相手の表情を集中して観察する。(観察・注意力)

2 やり方

○ 指導者は、特定の気持ちを決め、子どもの前でその気持ちを表情で表す(演技をする)。例えば、「恥ずかしい」という気持ちとした場合、恥ずかしかったときの表情をする。このとき、言葉や声などは出してはいけない。

○ 子どもは、指導者がどんな気持ちであったかを考えて紙に書き、互いに発表する。

3 教材

- バインダーに挟んだ紙(A4判)(1ゲームに1人1枚程度用意する)
- マジックペン

4 活動のイメージ

5 ○展開の応用例／●配慮事項

○ 指導者の気持ちを推察するだけでなく、どのような場面であったかを考えてもよい。例えば、「友人に話しかけたと思ったら、知らない人で恥ずかしかった」「トイレから出てきたらチャックが開いていて恥ずかしかった」など、様々な恥ずかしい場面を考えるのも面白い（その場合、特に正解を設けず、子ども同士で互いの考えを楽しめるようにする）。

○ 子どもが指導者側になって演技をする、チーム対抗で交替しながら実施するなどの工夫をしてもよい。

● 指導者は状況や気持ちが明確に伝わるように、わかりやすく大げさに表現する。

● お互いに書いている内容が見えないよう配慮する。

6 活動に対する評価のポイント

・相手の気持ちや状況を推察することができたか。(非言語コミュニケーション)

・相手の表情を集中して観察することができたか。(観察・注意力)

15 七文字当て俳句

1 ねらい

・相手の心情や情景を推察する。（推理・思考力）

・相手の話を集中して聞く。（集中力）

・発表する句の情景をわかりやすく言葉で伝える。

（言語コミュニケーションスキル）

2 やり方

○ 指導者が俳句のお題（例：夏休みなど）を決め、全員が俳句を作る。

○ 子どもが俳句を作る時間を制限時間は 10 分程度とする。

○ 俳句を紙に書き、7 文字を隠す（活動のイメージ参照）。

○ 順番で発表し、どういう情景の句かを説明する。

○ 説明を参考に、隠した 7 文字を当ててもらう。

3 教材

・バインダーに挟んだ紙（A4 判）（1 ゲームに 1 人 1 枚程度用意する）

・マジックペン

4 活動のイメージ

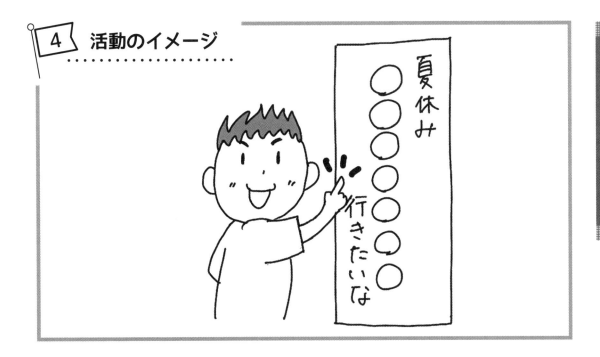

 5 ○展開の応用例／●配慮事項

○ 隠した7文字を当てた場合にポイントを付与するポイント制や、人数によってはチーム対抗で、隠した7文字を子ども同士で話し合いながら考える形式にしてもよい。

● 俳句の決まり（季語など）は、参加者に応じて柔軟に対応する。

● 俳句がどうしても浮かばない子どもに対しては、必ずしも俳句形式でなく、「○○が楽しかった」という文書でOKとする。

6 活動に対する評価のポイント

・相手の心情や情景を推察することができたか。（推理・思考力）

・相手の話を集中して聞けていたか。（集中力）

・発表する句の情景をわかりやすく言葉で伝えられたか。（言語コミュニケーションスキル）

16 並べ替えゲーム

 1 ねらい

・ランダムに提示された順位付けできる題材の順位をグループで話し合って
決め、順番に並べ替える。（話し合いスキル・協力スキル）

 2 やり方

○ 順位付けできる題材カード（例：都道府県面積の大きい順の順位）をランダムに提示し、グループで話し合い正しい順に並べ替える。

○ 順位付けできる題材カードを準備する。制限時間は3～5分程度とする。

○ 話し合い時間を考慮すると、題材は1～5位（ベスト5）程度が望ましい。
題材例（写真はイラスト付きだが文字のみでもよい）を示しておく。

例：都道府県面積の大きい順：①北海道、②秋田県、③青森県、④鹿児島県、⑤静岡県

○ 個人でも可能だが、3～4名程度のグループが望ましい。

○ 題材カードを順位がわからないようランダムに提示し、グループで話し合い、協力しながら正しい順に並べるように指示する。

3 教材

・順位付けできる題材カード（写真参照）
・オプション（ネットによる調べ学習）の場合：
ノートパソコンまたはタブレット端末

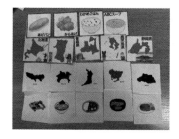

活動のイメージ

 ○展開の応用例／●配慮事項

○ オプションとして、ネットによる調べ学習を取り入れることもできる。順位を見つけるための検索方法などを皆で話し合い、役割分担して情報を調べることを通してネットスキル・話し合いスキル・協力スキルも練習できる。

● 意見が分かれたときは改めて話し合い、多数決、じゃんけん（同数の場合）などで決める。結果が違っていても、誰かを責めない。

● 発言が偏らないように、順番に全員が意見を言うなどの配慮をする。

● 題材は参加する子どもの発達・知識レベルを考慮して作成する。

活動に対する評価のポイント

・グループの中で、自分の意見を言い、他のメンバーの意見にも耳を傾けるなど、適切な話合いができていたか。（話し合いスキル・協力スキル）

17 当てろ！ベストテン

1 ねらい

- 自分の意見を相手にわかりやすく言葉で伝える。(言語コミュニケーション)
- 相手の話を集中して聞く。(傾聴スキル)
- 自分と相手の意見をまとめる。(話し合いスキル)
- 負けても怒らないように我慢する。(自己統制)

2 やり方

○ 指導者はお題（例：このメンバーの中で、一番家が遠い人は誰でしょう？
足の大きい人順に並べ替えましょう）を決める。

○ お題に基づいた選択肢（メンバーの名前）を子どもに見せる。

○ 選択肢の順番は、同じチームや子ども同士で話し合って決める。

○ 子どもは、選択肢の中からベスト 10 に並べ替える。

＊指導者は、お題の内容やランキングを事前に調査しておく必要がある。

3 教材

- バインダーに挟んだ紙（A4 判）（1 ゲームに 1 人 1 枚程度用意する）
- マジックペン

4 活動のイメージ

5 ○展開の応用例／●配慮事項

○ お題の内容によってはベスト10ではなく、ベスト3や、該当するメンバーを1人選ぶなど、柔軟に調整してもよい。

● 意見が言えない子どもがいる場合、指導者と一緒に考える、順番に意見を言うなどの配慮をする。

● 順位を気にする子どもがいる場合、順番をつけず、1人だけ選択するなどの配慮をする。

● 回答がはずれても、誰かを責めたりしないよう配慮する。

6 活動に対する評価のポイント

・自分の意見を相手にわかりやすく言葉で伝えることができたか。(言語コミュニケーション)

・相手の話を集中して聞くことができたか。(傾聴スキル)

・自分と相手の意見をまとめることができたか。(話し合いスキル)

・負けても怒らないように我慢することができたか。(自己統制)

18　お助けパズル

1　ねらい

- ・自分と他者とのコミュニケーションを通して、情報を整理する。
　（情報整理スキル）
- ・相手にわかりやすく言葉で伝える。（言語コミュニケーションスキル）
- ・相手にわかりやすく質問する。（質問スキル）

2　やり方

○ 子どもの人数分のパズルを用意し、ランダムに混ぜる。

○ 子ども一人ひとりに均等に分配する。

○ お互いに言葉によるコミュニケーションをとりながら、持っているパズル
　を交換し、お互いのパズルを完成させる。

3　教材

- ・パズル（異なる種類のパズルを人数分用意する）

4 活動のイメージ

5 ○展開の応用例／●配慮事項

○ お互いの持っているパズルを見せながら行ってもよいが、お互いのパズルを隠した状態で行うのもよい。

● パズルのピースを交換する場合は、言葉によるコミュニケーション（「○○貸してよ」）をとるよう促す。

6 活動に対する評価のポイント

・自分と他者とのコミュニケーションを通して、情報を整理することができたか。（情報整理スキル）

・相手にわかりやすく言葉で伝えることができたか。（言語コミュニケーションスキル）

・相手にわかりやすく質問することができたか。（質問スキル）

19 ポイント制ワードウルフ

1 ねらい

・配られたカードにある名称を言わずに、その特徴のみ発言する。（自制心）
・発言に注意を払いウルフ（狼）を推定する。（注意力・傾聴スキル・推理思考）

2 やり方

○ 配布されたカードを見て、名称は言わずに特徴のみ発言し、その中から1名異なるカードを持つ者（ウルフ）を見つける。

○ 名称の書いてある紙カードを人数分準備し、その中の1枚だけ他と似ているが違うものを入れ、違うカードを受け取った者がウルフ役となる（例：(6人の場合)：動物園5枚・水族館1枚（ウルフのカード））。

○ サークルになり、司会者からカードを1枚ずつ受け取り、カードに書いてある名称を言わないでその特徴のみを発言する（例：「デートに使える」「遠足で行った」など）。

○ メンバーの発言から、ウルフ役以外の者（猟師役）はウルフ役を推定する。逆に「自分がウルフ役では？」と推定した場合は見つからないように発言を工夫するが、嘘を言ってはいけない。発言が1〜2周回るか、あるいは時間（2〜3分）終了後、一斉にウルフだと思った人を指さす。自分がウルフと思った場合は、自分を指さす。

○ ウルフを発見できた場合は各猟師役が1点、ウルフ役はだませた人数分が得点となる、さらに自分をウルフと指さし当たった場合も1点加点する。

3 教材

・人数分のゲーム用カード　・バインダー　・鉛筆
・ワークシート（オプションの場合）

4　活動のイメージ

例：目玉焼きとゆで卵

実はウルフ

＊2名の猟師役が「ゆで卵」のウルフ役を正解したら、それぞれに1点、逆にウルフ役は2名に発見されなかったので、2名分の2点。さらに自分をウルフと指さしていた場合、自身の1点を加え計3点となる。

5　○展開の応用例／●配慮事項

○ オプションでメモ用ワークシートを作成し、メモをとらせる訓練にも適用可能。それにより、情報整理も練習できる。

● カードの題材は子どもの発達・知識レベルなどを考慮し作成する。

● 5名以上での実施が望ましい。

6　活動に対する評価のポイント

・名称を言わずに、その特徴のみを発言できたか。（自制心）

・メンバーの発言に注意を払い、よく聞くことができたか。（注意力・傾聴スキル）

・発言からウルフ（狼）を推定することができたか。（推理思考）

20 オンリーワンゲーム

1 ねらい

・他者の意見を予測する。（推理・思考力）

・自分の答えを言わないよう我慢する。（自己統制）

2 やり方

○ お題から思いつく内容で、他のメンバーと被らないものを考える。

○ 出題者と回答者を決める。出題者は司会者がやってもよい。

○ お題は複数の回答が思いつくようなものを選ぶ（例：赤くて丸い食べ物です。なんでしょう？）

○ 出題者はお題を発表し、回答者はお題に沿って他の回答者と被らないものを考える。

○ 回答者は思いついたものを紙に書いて、一斉に見せる。

3 教材

・バインダーに挟んだ紙（A4 判）（1 ゲームに 1 人 1 枚程度用意する）

・マジックペン

活動のイメージ

 ○展開の応用例／●配慮事項

○ 回答者同士で相談する時間を設けたり、非言語コミュニケーション（ジェスチャーやハンドサイン）を出し合ったりすることを通して、他の回答者と被らない答えを導きやすくなるよう工夫をするのもよい。

● お題は複数の回答が思いつくようなものを選ぶ。

● 回答者が自分の答えを思いついても言わないように我慢することを促す。

● 回答を紙に書くときに、隣の人に見えないよう工夫する。

6 活動に対する評価のポイント

・他者の意見を予測することができたか。（推理・思考力）

・自分の答えを言わないよう我慢することができたか。（自己統制）

2つのミッション「パズルデビルを倒せ!」

21

1 ねらい

・怪人パズルデビルからの2つのミッション（①言葉パズルを解く・②ヒントからアイテムを探し、そこに書かれた課題を解く）を役割分担し、解決する。（話し合いスキル・協力スキル・問題解決スキル・推理思考）

2 やり方

○ 事前準備として、問題例にある言語パズル課題を3〜5問、課題が書かれた紙が入れてあるアイテム3〜5個を用意し予めヒントの場所に隠す。

○ 1つ目のミッションは言語パズルを解くこと。解けたら、アイテムが隠されている場所を示すヒントの紙が渡される。ヒント例：アイテム1は「白い棚の高いところ」、アイテム2は「青いマットの下」、アイテム3は「ピアノの近く」など。

○ 2つ目のミッションは、ヒントをもとに隠されているアイテムを探し、そこにある言葉と関係する課題を解くこと。課題例：「3つのアイテムの中にある紙に書かれた言葉の1文字目をつなぎ並び替えると、ある言葉になる。それは何?」、アイテム1:「きりん」、アイテム2:「つつじ」、アイテム3:「みかん」

最初の文字をつなぎあわせると→きつみ→（並び替えて）答：積み木

○ 制限時間がきたら終わりだが、状況により時間延長をしてもよい。

3 教材

・題材：言葉パズル（下記例）、アイテム、アイテム探しのヒントが書かれた紙など　・タイマーまたはストップウォッチ

4 活動のイメージ

問題例：次の言葉パズルを解いてみろ！　ヒントをつかうとよいぞ！

ヒント：お正月にもらえるとうれしい　→答えは「おとしだま」

お			だ	

今度はもっと難しいぞ、真ん中にある字を入れて、パズルを完成させたまえ

	ぴ	
こ		ら
	の	

ノーヒント：答えは「あ」

5 ○展開の応用例／●配慮事項

○ ミッション（課題）として、クロスワードパズルを用いる方法もある。

○ 時間がない場合は、1つ目のミッションのみでもよい。

● 予め準備しておく言語パズルの作成（問題例参照）、アイテム探しに関する
難易度、制限時間は、参加児の年齢や発達レベルを考慮して企画する。

6 活動に対する評価のポイント

・仲間で協力・役割分担し、制限時間内に2つのミッションを遂行できたか。(話
し合いスキル・協力スキル・問題解決スキル・推理思考)

22 グループによるコーピング

1 ねらい

・喧嘩したりイライラしたときに、やってしまいがちな行動を考える（自己認知）

・自身の感情を統制する適切な方法（コーピング）を考え実行する。（感情統制）

・グループで話し合い、最も良いコーピングを提案する。（話し合いスキル）

2 やり方

○ 司会者はイライラしたときにやってしまいがちな対処方法を、参加児に振り返らせ報告してもらい、自分の特徴に気づかせる。

○ 司会者はイライラしたときにやってしまいがちな対処方法を、参加児に振り返らせ報告してもらい、そのメリット・デメリットを解説する。

○ 次に今度はいくつかの条件を提示し、それに当てはまる適切な対処方法（コーピング）を考える。コーピングシートを使い、シートに書かれた条件に多く当てはまるやり方（○が多くつく）をグループで話し合い、その内容を発表する。

3 教材

・コーピング用シート（「4　活動のイメージ」参照）

・筆記用具（鉛筆など）

4 活動のイメージ

「イライラをなくそう」コーピングシートの例

1. あなたはイライラしたとき、どんなことでスッキリしてますか？
   寝る→○：休める　×：そのまま寝てしまうかも……

   机を蹴飛ばす→○：一スカッと　×：壊れる、ケガする、みんなが使うから駄目

2. 良いコーピングのための条件——下の（　　）になるべく多く○がつくやり方を探そう‼
   （　　）どこでもできるか・（　　）いつでもできるか・（　　）自分だけでできるか・（　　）危なくないか・
   （　　）人の目を気にしないですむか・（　　）人にいやな思いをさせないか・（　　）すぐにできるか・
   （　　）道具がいらないか

5 ○展開の応用例／●配慮事項

○ コーピングは元々は個人に対して行うものなので、個別に用いることもできる。

● 悪感情を伴うフラッシュバックが起きる可能性のある児童生徒がいる場合は、最初の振り返りはせずに、次のプロセス（コーピング提案）から行う。

● 最初の振り返りに対し、「良い・悪い」を価値づける説諭はせず、メリット・デメリットで説明すること。

● コーピング案はできるだけ教員の指示でなく、参加児の発案から採ること。

6 活動に対する評価のポイント

・自身がイライラしたときに行いがちな行動を認識できたか。（自己認知）

・話し合い、適切なコーピング案を提案できたか。（話し合いスキル）

・事後評価：コーピング案を生活で実行できていたか。（感情統制）

23 ソーシャルドローイング ①

 ねらい

- 自分の考えや振る舞いを文字化（視覚化）する。（メタ認知）
- 絵や吹き出しを見て他者の見方や考え方を知る。（他者理解）
- 好ましい「振る舞い」について考える。（ルールの理解）
- 展開（やりとりの流れ）を見てマナーを知る。（予防的な対応スキル）

2 やり方

○ 日常で生じた子どものつまずきの場面を基にテーマを決め、司会者が絵*で登場人物などをホワイトボードに描く（青色）。

○ 場面を説明し、登場人物の吹き出し枠（発言 or 思考）を青で描く。

○ 子どもが前に出て、枠内へ自分なりの言葉や感じたことを文章で書く。その内容に応じて枠を増やし、相手がどのように感じたり返答したりするのかを、別の子どもが書き足して発展させる（子どものみ黒色）。

○ 自発的に前に出られる子どもを主体に記入を増やす。解決方法を模索しながら進行する（まとめない）。

○ 司会者は青 or 赤を用い、解説の文章や絵を加える。

○ 最後は、補助者がまとめる。社交上の振る舞いとして妥当な方法を具体的に提案する。司会者は、赤でまとめを記入する。

＊「棒人間」など可能な範囲で描画する（描写力は問わない）

3 教材

- ホワイトボード、ホワイトボードマーカー（青［教師用］・黒［子ども用］・赤［重要事項など］）

4 **活動のイメージ**

 5 **○展開の応用例／●配慮事項**

○ ホワイトボードに描かれた場面や対人的なやりとりを見ながら、個々に同じ状況や立場の違いをロールプレイする。感じたことや考えたことを言語化してみる（他者視点の模擬的体験とマナーの定着化）。

○ 対人的な場面におけるトラブル回避（対人関係スキル）の練習をする。

● 登場人物は仮名（不特定）にして進める。

● 他者の意見や考えを否定せずに受け止められるようにする。

● 具体的場面を描きながら進行し、子どもの発言や思考に基づいて絵も変化させる（書かれた内容を尊重し、臨機応変に発展させる）。

● 善悪で方向づけない（個々の対人面の捉え方をアセスメントする）。

6 **活動に対する評価のポイント**

・他者との考え方の違いを受け止めることができたか。（自他の受容と理解）

・自分なりのより良い振る舞いを検討できたか。（ルールとマナーの理解）

・伝えたり表現したりできたか。（対人関係スキル）

24 ソーシャルドローイング ②

1 ねらい

- ・感情や感じ方の違い（強弱）を確認する。（予防的な備え）
- ・個々の対人関係上の問題解決の方法を増やす。（危機回避）
- ・いじめのリスクから自分を守る。（自己防衛）

2 やり方

○ 参考図書を元に "いじめかもしれない" テーマを子どもと相談しながら決める（日常の出来事と関連付ける）。例えば、友達との些細な争いの場面など。

○ 司会者が "いじめかもしれない" 場面の絵*を青で描き（2名以上）、事例が示す挑発やあおる発言などを書き加える。直面した状況を説明する。

○ 司会者が登場人物の吹き出し枠（発言 or 思考）を青で描き加える。子どもが前に出て、枠内へ自分なりの言葉や思考を黒で書いて発展させる。

○ 司会者は、赤で子どもが記入した内容を解説したり危機回避のアイデアを示したりする（振る舞いの選択肢を増やす）。

○ 最後に、補助者が対人関係上の「現実」を踏まえてまとめをする。司会者は、赤でその要点を簡潔に書いてまとめる。

*「棒人間」など可能な範囲で描画する（描写力は問わない）

3 教材

- ・ホワイトボード、ホワイトボードマーカー（青［教師用］・黒［子ども用］・赤［重要事項など］）
- ・参考図書（本実践では、『写真で教えるソーシャル・スキル・アルバム 青年期編』明石書店を使用）

活動のイメージ

 ○展開の応用例／●配慮事項

○ ホワイトボードに描かれた争いや対立場面を見てロールプレイし、両者の立場や感情の違いを言語化してみる（他者視点の模擬的体験）。いじめの可能性のある事象を明確にし、踏み止まる限度を具体的に確認する。

○ 対人的な場面における自己防衛に関する振る舞い（対人関係スキル）の練習をする。

● 参考図書から出発し、子どもが記入した内容によって変化・発展させる（司会者が展開を方向づけない）。登場人物は仮名（不特定）で進める。

● 時系列で展開させ、積極的な子どもから書き進める（無理強いしない）。

● 司会者は、子どもの書いた発言や思いを赤で補完しながら進行する（受容的な態度で進め、子どもの表出を否定しない）。

活動に対する評価のポイント

・"いじめかもしれない"状況を認識できたか。（予防的な構え）

・自分を律したり援助を求めたりするための発想や方法を、新しく１つ増やすことができたか。（危機回避と自己防衛のための対人関係スキル）

25 リフレーミングトレーニング

ねらい

- 自分の思考や発言をさらけ出し、考え方の癖を知る。（自己理解）
- ストレスに対処できる受け止めや思考方法を学ぶ。（コーピングスキル）
- 捉え方を変え、言語的な表現（語彙）を増やす。（リフレーミング）

やり方

- ○ 司会者は楽しい雰囲気をつくり、日常で気になった子どもたちの対人関係上の振る舞いや発言を質問して引き出す。
- ○ 司会者は、好ましい言葉と好ましくない言葉を振り分けながら、両者をホワイトボードへ箇条書きで整理する（子どもが発した言葉のみ）。
- ○ 発言した子どもが「好ましくない言葉」を表現してみる（無理強いせず、個々の特性や感情に配慮する）。
- ○ 全体で「好ましい言葉」をロールプレイし、両者の違いを体感する。
- ○ 定規で測って距離感を変え、同じ言葉でも意味が異なることを体験する（ロールプレイ）。感じたことや感情について質問する。
- ○ まとめは、最適な表現で振る舞う方法を確認する（言葉の裏にある意味や気持ち、感情を説明）。赤で重要点を板書する。

教材

- ホワイトボード、ホワイトボードマーカー（青［テーマ、説明］・黒［子どもの発言］・赤［重要事項など］）
- 教師用直線1m定規（距離感によって対人関係上の意味が変わる状況についてのロールプレイに使用・実測して視覚的に確認する）

活動のイメージ

○展開の応用例／●配慮事項

○「『ね』言葉」（文末に「ね」をつける表現）にして発言するなど、負の感情等を最適な言葉や対人的なやりとり（非言語も含む）に置き換えるロールプレイを行う。また、状況や場面によって変化する「言葉の刺激」を体験的に確認する。

○「言った／言われた」側の両者の立場を経験する。（他者視点からの気づき［第3者的立場の体験］）

● 個々が許容できるレベルで、言う側／言われる側を体験する。ネガティブな体験ばかりを子どもにたくさん経験させないようにする。

● 特定の相手や具体的な日常場面を想定できないように配慮して進行する。

活動に対する評価のポイント

・言葉が与える影響について認識できたか。（自己理解とコーピングスキル）

・好ましい言葉に置き換えるアイデアをもてたか。（リフレーミング）

SSTプログラム解説編

本章では、SST の定義・指導領域・指導原則・技法・目的に合わせたプログラム構成などの基本解説に加え、学校や家庭などの日常生活で生かすための工夫や学齢後期以降に必要となるソーシャルスキル支援についても概説した。

1 ソーシャルスキルトレーニングとは？

　学校や職場で他人と関わる社会的場面では、お互いの立場や権利を侵さずに人間関係を結びかつ自分の目標を達成することが必要で、そのために必要な技能をソーシャルスキルといいます。ソーシャルスキルは生まれながらに備わっているものではなく、他者・社会との関わりを通じ、成長とともに自然に身につくものですが、知的障害児や発達障害児の場合、生来の中枢神経系の機能障害に基づく障害特性の影響により、いまだ未学習や学習不足の状態に留まっていたり、誤った学習をしている場合も多いのです。

　したがって、彼らに安全な環境の中で再学習する機会を提供することが重要で、それがソーシャルスキルトレーニング（SST）となります。SST は元々、精神病患者の社会復帰に向けてのリハビリとして始まったものですが、学校教育の中にも取り入れられ、通級指導教室、特別支援教室、特別支援学級、特別支援学校などでの自立活動として行われたり、通常学級においても、「道徳」「特別活動」「総合的な学習」などの時間を利用し、ソーシャルスキル教育（SSE）として実施されることがあります。

（1）SST の訓練領域と指導原則

　SST で扱われるスキル領域は研究者により様々ですが、本書では霜田（2016）の分類を参考に、「社会的ルール・マナー理解・集団参加・対人関係スキル（順番を守る、お礼を言うなど）」「会話・コミュニケーションスキル（話を聞く、意見を言う、動作の理解表現など）」「問題解決スキル（助けを求める・折り合いをつけるなど）」「自他の感情理解と対処（自己理解、ストレス対処など）」としました。さらにそれらのスキル領域を下支えするものとして、「注意・集中力」「情報収集・処理力」「推理思考・判断力」などの認知機能を置いた訓練モデルを提案しています（**図1**）。3 つの認知機能は「注意・集中力」≦「情報収集・処理力」≦「推理思考・判断力」の関係になっており、「情報収集・処理力」には、「注意・集中力」が、「推理思考・判断力」には残りの 2 つの機能が含まれます。従って、SST を通じてソーシャルスキルだけでなく、同時にこれらの認知機能を向上させていくことを目的としたプログラムを網羅しています（詳細は「（4）SST 実践編におけるプログラム構成について」を参照）。

　次に指導原則として SST を受ける者に対し、①成功体験を与え自己効力感の向上を図ること、②発達段階にあった課題設定をすることが大切です。つまり①に関しては、

①社会的ルール・マナー理解・集団参加対
　人関係スキル（順番を守る・お礼を言う・
　協力するなど）
②会話・コミュニケーションスキル（話を
　聞く・意見を言う・話し合い・動作の理
　解表現）
③問題解決スキル（助けを求める・折り合
　いをつける）
④自他の感情理解と対処（自己理解・自己
　統制・ストレス対処）

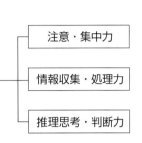

注意・集中力

情報収集・処理力

推理思考・判断力

図1　本書におけるソーシャルスキルと認知機能の関係を示した訓練モデル

SST は自信をもって成功体験を積む場でなければならず、ポジティブフィードバックが基本となること（例：「だいぶうまくなったね、次はここを工夫するともっとよくなるよ」など、具体的事例は 2 の「（2）自覚を促す」を参照）、②に関しては、アセスメントによる実態把握を行い、それに即した正しい目標を立てることが肝要となります。

（2）SST のタイプと技法の実際について

　SST のタイプとしては、①ロールプレイ技法、②小集団ゲームを用いる技法（ゲームリハーサル）、③ワークシートを用いる技法に大別され、③は①②と併用されることも多いです。

①ロールプレイ技法

　ソーシャルスキルを使う場面（例：挨拶する・お礼を言うなど）を疑似的に再現し練習するやり方で、手順は「教示（何を訓練でやるかを示す）→モデリング（正しい手本を見せる）→リハーサル（教示やモデリングを通じ得た知識をもとにやってみる）→フィードバック（良かった点や改善点を指摘）」となります。この手順は他の技法でも使われます。ロールプレイ技法は、初期の SST からある古典的かつ基本的なやり方です。

②小集団ゲームを用いる技法（ゲームリハーサル）

　ロールプレイ技法は、訓練を受ける側がその意味を理解しているなら有効ですが、子どもでは必ずしもそうでない場合も多く、参加拒否やふざけて真剣に取り組まない可能性があります。それに対しゲームリハーサルはゲーム内容の中に SST の訓練目標を入れ込むやり方であり、特別な意識をもたせることなく楽しんで行えることから、参加動機も高まりやすく、子どもに適用しやすい方法です。また、①他児への積極的な関わり

第2章　SSTプログラム解説編

61

の中で自発的な仲間作りにつながる、②ゲームを進める中で予測できないリアルな関わりが生じ、日常の生活場面に近いことから般化しやすいなどの利点も多いです。

　本書で扱う内容の多くは、このゲームリハーサルに該当します。本書を読んでいただければわかる通り、題材は通常のレクリエーション用ゲームですが、SST として利用する場合は、前述のようにゲームルールの中に訓練目標を予め入れ込んでおく必要があることから、「×先に子どもが興味を示す面白そうなゲームを選び、後付けで目標を作る」でなく、「○目標を決めて、それにあったゲーム題材を選ぶ」が不可欠であり、目標や子どもの実態（年齢や発達レベル）により、元々のゲームルールを改変する場合もあります。

③ワークシートを用いる技法

　ワークシートを用いる代表的手法として、ソーシャルストーリー™とコミック会話があります。ソーシャルストーリー™は基本的に 1 つの絵とその絵が表す出来事が短い文章として書かれており、文章を子ども自身が読み（あるいは読んであげて）、基本的なマナーやルールを学習します。コミック会話は人物を線画で描き、漫画で使われる「吹き出し」の中に言葉を入れていくもので、場面理解や相手の気持ちの読み取りなどを学習できます。本書で紹介する SST の中にも、ワークシートを使うものがあります。

（3）SST の効果評価について

　SST は教育訓練であるが故に、そこには改善あるいは発達させるべき教育・訓練目標があり、従って教育効果が認められたか否かに関し評価する必要があります。SST の評価には訓練前後で既存の評価尺度（上野・岡田，2006 他）を用いる方法もありますが、2 の「(1) 具体的な行動を目標に定める」で述べられているように、ABA（応用行動分析）の観点から、目に見える具体的な行動の増減で評価する考え方もあります。

　また基本的なソーシャルスキルを学齢期に身につけておくことは、卒業後の就労や地域生活を円滑に行うことにつながります。その点に関する記述は、「3　学齢後期に必要となるソーシャルスキル支援」で詳細に述べられています。

（4）SST 実践編におけるプログラム構成について

　実際の SST の進め方は、運動編も併せた複数のプログラムで構成した 40 〜 60 分程度の内容となりますが、コツとして 1 つめのプログラムはウォーミングアップとして注意・集中力を高める比較的シンプルなものから入った方がうまくいきます。実践編で

紹介している1〜4がそれに該当します。そして数字が上がるごとに情報収集・処理力や推理思考・判断力が必要となる課題が増えていく構成になっています。参考として、本書の内容で構成した45分のプログラム案を示します（**表1**）。前半をSSTプログラム、後半を運動プログラムにするとスムーズにいくことが多いです。

　さらに本書で紹介する各プログラムには主に4つのSST領域のいずれに該当するかが明示してあり（実際には複数の領域にまたがっていますが）、参加児の実態把握を適切に行った上で、最も有効と思われるプログラムを選択していくことが肝要です。評価に関しては、各プログラムに記載した「ねらい」と「評価のポイント」を参考に行ってください。

表1　本書の内容を用いたSSTプログラムの構成例（45分授業で実施する場合）

はじめの会（5分）　挨拶、実施内容の簡単な説明、ルール（守ってほしいこと）、チーム分けなど
〈守ってほしいこと（例）〉
・質問は手をあげよう（勝手に話さない）
・自分の意見を簡潔にわかりやすく話し、人の意見に耳を傾けよう
・友達が困っていたら、声掛けをしたり、助けてあげよう（相互援助）
・抜けたくなったら、近くの先生に言おう（勝手に抜けない）
・腹立たしいことがあっても、きれずに気持ちを抑えよう（アンガーマネージメント）
↓
第1ゲーム：「2 明星百科事典」（1問・10分・10〜11ページ）
↓
第2ゲーム：「5 新しい10のとびら」（1問・10分・16〜17ページ）
↓
5分休憩・第3ゲームの準備
↓
第3ゲーム：「47 ストラックアウト」（1人3球ずつ15分・本書114〜115ページ）

終わりの会（5分）　ルールが守れたかの確認・フィードバック、次回の予定など

＊第1、第2ゲームはSSTプログラム、第3ゲームは運動プログラムで構成。運動プログラムは後半にした方がよい。
＊プログラムを企画・実行するのみでなく、定期的に教員・スタッフがカンファレンス（話し合い）を開き、対象児の実態・問題解決に適合した内容になっているかを点検していく必要がある。

2　SST を日常生活に活かすために

　例えば数学でも英語でも、教科学習を思い浮かべたとき、基礎課題があり練習課題を経て、応用問題に移行します。その最終的な目的は、応用問題が自在にできることです。SST においても子どもたちは、ソーシャルスキルを学習として学ぶ『基礎』があり、指導者からプロンプト（心理学用語で、適応行動を促すヒントとなる指導者からの言動）を与えられながら『練習』を重ねて体得し、『応用』として、実生活の中で自分自身の力だけで柔軟な対応ができるまでになることを目標とします。

　この本には、場面に応じた SST のモデルプログラムが多数提示されています。これがいわば『SST 学習の基礎』です。この本を読んでいらっしゃるみなさんは、その『SST 学習の基礎』を子どもたちと実行し、さらにその次の段階である練習課題、応用課題にもぜひ取り組んでください。

（1）具体的な行動を目標に定める

　子どもに何を教えたいか、子ども自身が自分の課題を何と考えているかを捉えたうえで、獲得すべき行動の目標を定めていきます。その目標は『コミュニケーション能力を高める』『ソーシャルスキルを身につける』といった抽象的な言葉ではなく、具体的な言葉を目標とします。なぜなら抽象的な言葉を用いると、具体的にどういった力を身につけさせたいのか明確にならないだけでなく、SST を学んだことでどのようなスキルを得たか、どのような力が伸びたのかが分析できなくなってしまうからです。

　例えば、SST グループでカードゲームを行うことになったとします。目標は『みんなで仲よく楽しもう』。設定しがちな目標ですが、当然『みんなで仲よく楽しもう』は抽象的で、何をもって『仲よく』か、何をもって『楽しむ』かが具体的にイメージできません。では、どのように目標を設定するか。カードゲームに参加するメンバーと指導者を含む全員が、目標を具体的にイメージできることが重要です。

　例えば『順番を守る』『誰が勝っても、勝った人には「良かったね」と声をかけよう』など。設定する目標は、何を学ぶべきか明確に提示するものにします。また、目標の言葉はできるだけ肯定的な言葉が望ましく、『人を叩かない』『暴言を吐かない』などの否定的表現はできるだけ避けるようにします。否定的表現を使う場合は、その代替行動の提示や確認を加えます。

例えば『人を叩かない』という目標と同時に『人を叩きそうになったら、自分の利き手と反対側の肩を叩く』という対処法を約束する、というように、提案する代替行動は非両立な行動を選ぶようにします。

　そして目標達成することができたら、すかさず称賛します。試みようとした、その態度だけであっても必ず認めて褒めること。褒めることはとても大切です。褒められることで、子どもたちは次もまた頑張ろうとするのだということは忘れないでいてください。（もちろん、褒めるときは心から！　『褒めておけばいいんでしょ』という指導者の態度を、子どもたちは敏感に察知します）

（2）自覚を促す
　目標は、本人が自分の課題と受けとめられるように、自覚を促すことが大切です。自覚をもって取り組むSSTと、そうでないSSTとでは、スキルの獲得にその差は歴然と現れます。下記の事例は、過去実際にあったものです。

事例　小学1年生男子

- 勝ち負けにこだわりがあり、負けると強い癇癪を起こしていた。指導者に対して、わざと負けることを強要する言動もみられた。
- 目標は『負けても癇癪を起さない（癇癪を起しそうになったらブランケットに包まる）』。
- SSTで強い癇癪を起こした後は、必ず指導者とのフィードバックを行った。フィードバックの内容は主に『なにがきっかけで癇癪を起こしたか』『そのときの自分の気持ちを言語化してみる』『自分はどのような行動をとったのかを思い出す』『そのときの周囲の様子はどうだったか』『癇癪の代替行動はとれたか（とれなかったとしたら、それはなぜか）』『自分はどうすればよかったと思うか』『今後も癇癪を続けるのか』など。SSTとフィードバックを重ね、指導者との「あなたが常に勝っているということは、他の人が常に負けているということ。あなたが常に勝っている状態は、あなた自身は気持ちがよいかも知れないが、負け続けている他のメンバーの気持ちはどうか考えてみようよ。少なくとも私はちっとも面白くないので、もうあなたとゲームで遊びたくないなと思っています」という対話で『他者の気持ち』に気づいたことをきっかけに、自分の課題と向き合う意識が芽生え、その後のSSTへの取り組み姿勢が真摯なものとなり、1年間で著しい成長を見せた。

　自覚を促す以前の問題として、実際にSSTのプログラムを始めましょうというときに、不適応行動を示す子どもが問題となるケースが稀に見受けられます。
例えば、SST中に無関係な話を延々とする、立ち歩く、「つまらない」「意味がない」などと進行を阻害するなど。

自身を傷つける行為（自傷）、他者を傷つける行為（他害）、また物損行為などは直ちにその行動を注意し止める必要がありますが、そこまで影響のない行為に対しては、あまり対応しないことです。無関係な話、立ち歩き、進行阻害といった行動は、「まぁまぁ、そんなこと言わずにやってみようよ」などと柳に風と受け流し、あくまでも根底のイニシアチブは指導者がとるよう心がけます。

　そして僅かでもプログラムに参加する姿勢が見えたときにはすかさず褒めて、子どもの行動を認めてあげましょう。「今の対応上手だったよ！」「しっかり話を聞いていたね」と、さらりと、しかし的確に『あなたを見ていたよ』というニュアンスを含めることで褒め効果はアップします。

　SSTプログラム中の不適応行動は、危険行為以外は受け流し、どんなに些細なことであってもすかさず褒めることで、少しずつ改善されていきます。

（3）プロンプトは行動発展の大きなポイント

　SSTの注意点として、決して架空設定のロールプレイングを数回行っただけでSSTが完遂したと考えない、ということが挙げられます。与えられた設定の中だけで行われたトレーニングに、通り一遍の理解ができただけでは社会性を獲得したとはいえません。繰り返しますが、教本、テキスト、プリントなどで学習としてSSTを学ぶのはあくまで『基礎』です。

　基礎を整えながら、繰り返し繰り返し（設定を変えるなど工夫を凝らして）子どもたちが社会スキルを獲得していくよう『練習』すべき課題を設定します。この練習の段階で指導者は適切なタイミングで、適切な量のプロンプトを与えるようにします。指導者が介入する『プロンプト』は、非常に重要な意味をもちます。

　プロンプトは、子どもに自分自身がすべき行動に気づかせ、体得を促進させるために行います。みなさんのアイデアを駆使して、どこでどんなプロンプトをどのように与えたら、子どもたちが学んだSSTの基礎をスムーズに応用までに発展させていくことができるか、指導者の腕の見せ所といえます。

　プロンプトとは「適応行動を促すヒントとなる指導者からの言動」を指す心理学用語であると前述しましたが、プロンプトにはいくつかの種類があります。代表的なプロンプトは、下記の3つがあります。

①視覚的なプロンプト（指導者が行動によって見せるプロンプト）

　子どもがするべき行動をモデルとして行ったり、指さし（例：クールダウン用のブラ

ンケットを指さす）など

②音声でのプロンプト

　声掛け（子どもの状況に合わせて必要最低限にする）

③身体プロンプト

　指導者が手とり足とり、子どもの身体を直接的動かすこと

　そして（これが一番重要なのですが）、プロンプトを行ったら必ず、最終的にはプロンプトフェイディング（意図的にプロンプトを外していくこと）も行ってください。最終的に『実生活の中で、自分自身で柔軟な対応ができる』と前述しましたが、この最終的な状況でプロンプトを必要としないことが非常に重要なこととなります。いつまでもプロンプトありきの社会スキルではダメだということで、それが応用課題をクリアできたかどうかの分岐点になります。

（4）様々なソーシャルスキルを獲得するための SST の練習問題

　SST とひと口に言っても、その領域（獲得させたいスキル）はいくつかに分化しています（1 の「（1）SST の訓練領域と指導原則」参照）。

　同時に、保護者・学校などと連携をして、日常生活でも『獲得を目指す社会スキル』の練習を積んでいけるように、環境を整える積極的支援も大切です。同じ人、同じ場所、同じ環境下ではなく、異なる環境を調整して練習を試みます。さらに日常生活で SST で得た様々なスキルが発揮できるようになるためには、子どもの日常生活に密接に関わっている（なくてはならない存在である）保護者との連携は必要です（図2）。

　最終目的は、子ども自身で SST を実生活に応用させられることです。指導者間での連携はもちろん保護者や周囲と連携して、でき得る限りの頻度で体験を積ませます。自力で対処できる力を獲得するためにも指導者がヒントを与えすぎないこと。同時に周囲の大人が連携して、子どもの自発を待つ体制を整えることも重要な意味をもちます。

（5）SST を活かすために

　様々に異なる環境調整をし、体験を積ませること、その際プロンプトの量を調節し、またプロンプトの内容も少しずつフェイディングに近づけるよう工夫すること、周囲と連携をとり子どもの自発を待つこと、そして何より褒めることなど、いくつかのポイントを押さえたうえで、より効果的な SST を展開してください。

図2 ソーシャルスキルの獲得から般化の一例（挨拶）

3 学齢後期に必要となるソーシャルスキル支援

（1）学齢期後の支援について

　社会福祉法人東京都手をつなぐ育成会らが実施した令和3年度の調査（2022）をみると、東京都の特別支援学校高等部卒業後に一般就労をした会社などで、1年を経過し継続して働いている卒業生の定着率は93％とされています。つまり、7％弱は卒業後に何らかの理由によって離職などを余儀なくされたと推測できます。

　当時、筆者が在籍した知的障害特別支援学校高等部でも、過去5年間の離職率が5〜7％で推移する同様の結果が示されていました。学校卒業後の地域生活におけるQOLを考える上で、学校組織として定着率に意識を向けることは自然なことです。しかし筆者は、就労先の環境へ適応できずに離職してしまった卒業生の再起が、極めて困難な状況となる現実を目の当たりにしてきました。たとえ1人であっても、過酷な境遇に陥らせてはならないと思います。

　進路指導部では、離職理由についても調査していました。離職者の約8割が、職場において「人間関係」に由来する問題を抱えていたことが明らかになりました。在学中から、集団も含む対人的な場面において具体的なスキルの習得が必要不可欠だと考えられ

ます。離職に至った職場での具体的な場面を確認すると、休憩時間などの何をすればよいかわからない自由時間や、ミスなど突発的な問題への臨機応変な対応などに課題があることがわかりました。つまり、自閉スペクトラム症のある人などが、従来から困難に直面しやすいといわれる対人関係やコミュニケーションに関して、不適応を起こしやすい要因が集中しているのです。

（2）ソーシャルドローイングとは

　「ソーシャルドローイング」（SST プログラム実践編の 23、24）は、対人関係スキルを支援するために考案した方法の造語です。コミック会話（Gray, 2005）を参考に、学校生活の日常で生じた課題を直接テーマにして、ホワイトボード 1 枚を中心に取り組みます。コミック会話とは、2・3 人の会話に線画を組み込み、会話などの情報理解が難しい人へ絵によってコミュニケーションをわかりやすく支援する技術（1 の「（2）SST のタイプと技法の実際について」参照）です。言動を系統立てて明確にしながら、人はどう思っているのかに注目します。

　実践では、教師が登場人物や名前（仮名）などを加えた場面を青色マーカーで描画してから、テーマについて集団で検討を開始します（**図 3**）。吹き出し（発言及び思考の2 種類）の枠を示したら、子どもが順にその中へ文章で自分の言葉や考えたことを黒色マーカーで記述していきます。直面した状況への対応を時系列で展開させ、対人場面における自他の様々な考えや立場、発言の違いを体験します。自身の「ふるまい」を視覚的に表現し、自己理解と共に他者との認識のズレや、思考に至る背景要因を具体的に確認していきます。また、この過程は、個々が対人的な場面においてどのように思考し行動しているのか、教師の側が「アセスメント」する機会にもなります。従って、教師は社会通念やルールに基づいて展開を方向づける（指導する）ことは控えます。子どもからの表出を、否定しないようにホワイトボードへ定着させていくことが重要です。常に肯定的な視点から解釈し、重要なことや適切な判断には赤色マーカーを使って書いたり、絵も変化させたりして未知のゴールへ向かい進行していきます。

　まとめでは、一般的なルールやマナーを基にしながらサブ教師が総括します（授業の主担当教師との考え方のバランスをとるため）。複数の指導者の観点から、最適な「ふるまい」について擦り合わせてホワイトボードへまとめます。自閉スペクトラム症のある人などが困難を抱えやすい、コミュニケーションや対人的な場面への対応を、視覚的に考えながら集団で経験していく過程が大切だと考えています。

卒業後の就労や地域生活など、直面しうる課題場面への模擬的なトレーニングとして、具体的に「ふるまう」バリエーションを増やすことは、個々のライフステージを助けるスキルになりうると考えます。あえて「集団」という学習形態を教材化させ、実社会へ出る現実を視野に入れて、視覚的にソーシャルスキルを学ぶ経験を積み上げる意義は大きいと考えています。

図3　実際のホワイトボードとテーマ「やめてほしいとき」（嫌悪的な場面を回避する方法）

運動プログラム実践編

運動は、大きく「姿勢制御系」「移動運動系」「操作運動系」に大別される。そこで本章では、多様な動きを身につけることができるよう、これらの領域を網羅的に捉えながら、実際の教育現場や療育現場で筆者らが実践してきた 25 の運動プログラムを提案する。

26 上手に並ぼう

1 ねらい

・相手や場面に応じて、運動を工夫する。

・運動場面で他者にサポートを求めながら活動する。

2 やり方

○ チームごとに分かれて、平均台または床などに引いたラインの一直線上へ、ランダムに並ぶ。

○ 並び替えの目標タイムを設定する。

○ 先生役が提示した課題に応じて、平均台やラインテープなどから落ちないように並び直す。

○ テーマに沿って並び替えができたら、報告をしてゲームを終了する。

○ 平均台からの落下やライン上から足を踏み外した場合は、ゲームを終了し、どうすれば成功できるか作戦会議の場面を設定する。

○ 1ゲームごとに話し合いの場面を設定し、良かったところや改善などをチーム内で共有する。

3 教材

・平均台

・ラインテープ

・ストップウォッチ　など

活動のイメージ

 ○**展開の応用例／●配慮事項**

○ ことばの使用を禁止するなど、コミュニケーションに制限を加える。

○ テーマの例：「好きな番号」→「誕生日」→「手のひらの温度」など、最初は簡単な情報から少しずつパーソナルなやりとりへ移行していくことで心理的な距離を縮めていく。

● 身体接触を伴う可能性があるため、活動者の年齢や性別には配慮を要する。

● 提示するテーマは、簡単なものからより相手とのコミュニケーションを要するものへと課題の難易度を上げていく。

● 身長や体重、身体的特徴、年齢などのパーソナルなテーマは、参加者への配慮を要する。

 活動に対する評価のポイント

・相手と自発的にコミュニケーションをとることができたか。

・状況や場面に応じた発言や身体の使い方をすることができたか。

27 輪になって運ぼう

1 ねらい

・相手の動きに合わせて姿勢や手指の力を調整する。
・他者とコミュニケーションを取りながら、運動を楽しむ。

2 やり方

○ チームごとに分かれ、人差し指の背中側でフープを支える。

○ ゲーム開始の合図に合わせて、指定のゴールエリア（コーンなど）までフープをチームで運ぶ。

○ フープを落とす、あるいは床に置こうとした際に音が出た場合は、スタート地点に戻ってやり直す。

○ ゴールエリアへ静かにフープを下ろしたら得点が入る。

○ 指定された試行回数や制限時間内にフープを運ぶことができればゲームを終了とする。

○ 1ゲームが終わるごとに、良かったところなどについて作戦会議を設定する。

3 教材

・フープ（直径80cm程度）
・カラーコーン
・ラインテープ　など

4 活動のイメージ

 5 ○展開の応用例／●配慮事項

○ 各チームのスキルによって、試行回数や制限時間を調整する。

○ ゴールの設定の仕方（距離やコーンの数など）によって、ゲームの難易度
を調整する。

● 事前に、フープからは指を離さずに移動および操作をすることを確認する。

● フープから指が離れた場合やゴールの着地の際に音が出た場合のやり直し
などのルール確認は、必ずゲーム開始前に確認する。

6 活動に対する評価のポイント

・フープから指を離さずに操作することができたか。

・フープを操作する際に、相手とコミュニケーションをとることができたか。

第3章 運動プログラム実践編

28 天国と地獄

1 ねらい

・相手や空間に応じて運動を調整し、活動を楽しむ。
・運動場面で困った際に、他者へサポートを求める。

2 やり方

○ 2チームに分かれて、指定エリアへ入る順番を決める。

○ 指定されたエリアへ1人入るごとに、全員が指定エリアからはみ出さない（落ちない）状態を3秒間キープできたら成功とする。

○ 活動中に「指定エリアの外へ踏み出す」などのファールが発生した場合は一旦中断し、ファールに該当する子が指定エリアの外に出る。

○ 全員が終わったら、最後に指定エリア内に残っている人数×10点で合計得点を集計する。

○ 1ゲームが終わったら作戦会議の時間を設定し、良かった点や改善点、次のゲームの順番などを話し合う。

3 教材

・ポートボール台
・ペットボトル
・ストップウォッチ　など

4 活動のイメージ

 5 ○展開の応用例／●配慮事項

○ チームの対抗戦ではなく、参加者全員でのチャレンジでもよい。

○ チーム対抗戦で戦略的に競わせる場合は、チーム内でボーナスポイントが入る子を決めて、その子が残った場合は得点が大きくなるようにする。

● 試行回数や得点の基準は、事前に提示する。

● 床などの平地で実施する場合は、ラインクロスなどの反則に気づきにくいため、ペットボトルなどをつないでラインを立体的にすると活動者にもわかりやすくなる。

● 身体接触を伴う可能性があるので、活動者の年齢や性別などには配慮を要する。

 6 活動に対する評価のポイント

・相手や空間に応じて運動を工夫することができたか。

・自分の力で解決できないときに、他者へサポートを求めることができたか。

第３章　運動プログラム実践編

29 人間知恵の輪

1 ねらい

・身体の使い方をイメージする、運動を企画する。

・相手に合わせて、自分の動きを調整する。

2 やり方

○ チームごとに分かれて、ランダムに両手を別々な人とつなぐ。

○ 先生役は、制限時間や試行回数、コミュニケーションの取り方などのルールを伝える。

○ 先生役の合図に合わせて、ゲームを開始する。

○ 制限時間や試行回数内で知恵の輪が解ければ成功または勝利となる。

○ 対抗戦の場合、どちらかのチームが知恵の輪を解決した時点でゲームを終了し、良かった点と改善点について、作戦会議の場面を設定する。

3 教材

・時計

・BGM 用再生機器

・手袋　など

4 活動のイメージ

5 ○展開の応用例／●配慮事項

○ 人数の増減によって、活動の難易度を調整する。

○ 言語の禁止など、必要に応じてコミュケーションの制限を加える。

● 制限時間や試行回数などのルールは、参加者に応じて柔軟に対応する。

● 身体接触を伴う活動になるため、年齢や性別などには配慮を要する。

● 触覚の過敏などで直接手を触れることが難しい子がいる場合は、手袋など
の着用を認める。

● 知恵の輪が解けた際に、身体の向きが変わっても良しとする。

6 活動に対する評価のポイント

・身体の使い方をイメージした動きの提案ができていたか。

・知恵の輪の状態に応じて、動きを調整することができたか。

第３章　運動プログラム実践編

30　2人で運ぼう

 ねらい

・相手に応じて自分の動きを同期させる。

・ボールなどが落ちないように、相手とコミュニケーションを取りながら活動に取り組む。

 やり方

○ チームごとに分かれてペアを作り、走る順番を決める。

○ リスタートの条件など、ゲームの開始直前にルールや安全などについて確認をする。

○ 先生役の号令でスタートし、ペアごとにボールをリレー形式で運ぶ。

○ 最後のペアが先にゴールした方を勝利とする。

○ 1ゲームが終わるごとに、自分たちのチームで工夫した点や良かった点を話し合う。

 教材

・新聞紙（ボールを運ぶスティック作成用）

・ソフトバレーボール

・ストップウォッチ　など

活動のイメージ

 ○展開の応用例／●配慮事項

○ 向かい合う活動から、背中合わせの活動へと、課題の難易度を上げていく。

○ 活動に慣れてきたら一律に実施するのではなく、1組ごとに違う運び方に
するなど、活動を柔軟に変化させてもよい。

● ボールを落とした場合は、審判がジャッジし、落とした所から再スタート
とする。

● 向かい合うことに心理的な抵抗がある場合は、道具を介して距離をとった
り、背中合わせで目が合わないようにしたりすることで、活動への抵抗感
を下げる。

● 身体接触を伴うことや身体的な距離が近くなることがあるので、無理強い
はせず、ペアの作り方は参加者の意向を柔軟に取り入れるようにする。

6 活動に対する評価のポイント

・相手の動きに合わせて、運動を調整することができたか。

・場面や相手の動きに対して、コミュニケーションの方法は適切であったか。

81

31 ものまねアルファベット

1 ねらい

・他者の動きを見ながら、自分の動きを調整する。

・相手ができそうな動きを、自分の身体で表現する。

2 やり方

○ 2 チームに分かれて、ぶつからないように活動のポジションを決める。

○ 各チームの先生役がアルファベットの動きを示し、「せーの」の号令に合わせて 5 秒間同様の動きを模倣したまま静止する。

○ ほぼ同様の模倣ができていれば 10 点、一部ずれていれば 5 点とする。

○ 上肢、下肢など、動きに応じた評価のポイントを作成し、その動きの正確さに応じて得点を加算する。

○ 指定された動きが終わった時点で、自チームの得点が多い方を勝利とする。

3 教材

・JP クッション（弾力性のあるクッション）

・ラインテープ　など

4 活動のイメージ

5 ○展開の応用例／●配慮事項

○ 動きのバリエーションを増やす。

○ 各チームから、1人ずつ先生役としてモデルになる人を選ぶ。

○ 不安定なクッションの上では得点が倍になるなど、個別に難易度を調整できるようにする。

● 最初は指導者が先生役に入り、活動の流れが出てきたら先生役を参加者へ移行していくようにする。

● 先生役が動きの提示で迷わないよう、事前にカードなどでどんな動きをすればよいか、例となる動きのガイドを準備する。

6 活動に対する評価のポイント

・他者の動きを見ながら、自分の動きを調整することができたか。

・相手ができそうな動きをイメージし、自分の身体で表現することができたか。

第3章　運動プログラム実践編

32 目隠しリレー

1 ねらい

・ペアの友達が安心して活動できるようにサポートをする。

・ペアの友達へ、自分から運動のサポートを求める。

2 やり方

○ チームごとに分かれて、走る順番を決める。

○ ペアを作って、片方は目隠しをする。

○ 安全などのルールを事前に確認する。

○ 審判の合図でゲーム開始を開始する。

○ アンカーがゴールしたらゲームを終了する。

　＊先にゴールしたチームは 10 点、後からゴールしたチームは 5 点

○ ペア同士のやりとりで良かった点や工夫した点を話し合う場を設定する。

○ チームごとに良かった点をフィードバックし、ボーナスの得点を付与する。

3 教材

・アイシェード（タオルなどでも可）

・ラインテープ

・カラーコーン　など

4 活動のイメージ

5 ○展開の応用例／●配慮事項

○ コースの途中でコーンを回るなどの課題を加えることで、活動の難易度を
調整する。

○ 慣れてきたら、相手に触れずに誘導するなど、直接的な触れる関わり方から、
言葉かけなどの間接的な関わり方へ移行していく。

● 最初は直線のみの活動で練習し、目隠しをしているペアに対する関わり方
を丁寧に確認する。

● 活動開始直前に、必ず安全面の確認をする。

● 手をつなぐことを嫌がるケースは、手袋や短いロープを一緒につかむなど、
無理強いはせずに支援ツールを活用する。

6 活動に対する評価のポイント

・友達に合わせたサポートをすることができたか。

・友達に不安を伝えたり、サポートを求めたりすることができたか。

33 アニマルリレー

1 ねらい

・多様な動きのバリエーションを経験する。

・テーマに応じて動きをイメージし、それを身体で表現する。

2 やり方

○ 2チームに分かれて順番に「アニマルカード」を引き、担当する動物と走順を確認する。

○ リレー形式で実施し、指定された動物の動きができている場合は 10 点、できていない場合は 5 点とする。

○ 審判の号令でゲームを開始し、先にアンカーがゴールしたチームは 10 点が付与される。

○ チーム内の合計得点が高い方を勝ちとする。

○ 2ゲーム目以降は、チーム内で個別にアニマルカードを交換する作戦タイムを設定し、誰がどんな動きをするのがよいかを話し合う。

3 教材

・アニマルカード

・カラーコーン

・ラインテープ　など

4 活動のイメージ

5 ○展開の応用例／●配慮事項

○ アニマルカードを増やして、動きのバリエーションを増やす。

○ 距離や試行回数で活動量を調整する。

○ アニマルカードの代わりに、自分たちが好きな動物を設定してもよい。

● 動物の鳴き声を入れるとプラス5点など、模倣以外の要素でも得点が入るようにすることで、動きがぎこちない子でも加点ができるようにする。

● 話し合い活動の場面では、チームの戦略として、特定の動きが難しい子への配慮をするようにファシリテートする。

6 活動に対する評価のポイント

・新しい運動パターンが発生しているか。

・テーマに応じて、自分のイメージを身体で表現することができているか。

34 # コーンでキャッチ

1 ねらい

・相手や用具に応じて運動を調整する。

・チームでの成功と個人の成功の両方を楽しむ。

2 やり方

○ チームごとに分かれて、役割（投げる人・捕る人）を決める。

○ 審判は、制限時間や試行回数を設定し、ルールなどを確認する。

○ それぞれの役割に応じたポジションへ移動する。

○ 審判の合図でゲームを開始する。制限時間や試行回数内でたくさんボール
をキャッチしたチームが勝利となる。

○ 1ゲームが終わった時点で作戦会議の時間を設定し、役割の調整やパスの
配慮など、チーム内で活動方法の工夫を考えるようにする。

3 教材

・バレーボール、ハンドボール

・カラーコーン

・ラインテープ

・フラフープ、ビニール袋

・お手玉、ビーンバック　など

活動のイメージ

 ○展開の応用例／●配慮事項

○ 言語の使用を禁止するなど、必要に応じてコミュケーションの制限を加える。

○ 参加者の人数が少ないときは、全体の活動として制限時間内合計何回できるかというチャレンジに変えてもよい。

● 制限時間や試行回数、投げる人との距離などのルールは、参加者に応じて柔軟に対応する。

● 連続成功回数の課題を設定する場合は、特定の参加者に失敗した責任が全部かかってしまう危険性を考慮し、事前に失敗した仲間を責めないなど、個人攻撃が発生しないように予防してから実施する必要がある。

● カラーコーンが難しい場合は、フラフープに大きめのビニール袋を貼り付けて、受け口を大きくするとよい。

活動に対する評価のポイント

・相手に応じたボールの投げ方や捕り方をすることができているか。

・自分や仲間の成功を共有することができているか。

第3章 運動プログラム実践編

35 ザ・ラテラリティ

1 ねらい

・目と手の協応を高める。

・利き手と非利き手との分化を促す。

2 やり方

○ チームに分かれて、走順を決める。

○ 片手または両手で指定された物を持ってゲームを開始する。

○ 運んでいる物を落としたら、その場で止まり、拾ってから再スタートする。

○ リレー形式で実施し、バトンの代わりに用具を受け渡すことを繰り返し、アンカーがゴールしたらゲーム終了とする。

○ 落とさずに走り切ったら 10 点、落としても最後まで走れたら 5 点を付与する。

○ 1 ゲームが終わったら、走順の変更など、チーム内での作戦会議の時間を設定する。

3 教材

・おたま、大さじ

・テニスボール、ピンポン玉、スーパーボール

・ラインテープ、カラーコーン　など

4 活動のイメージ

5 ○展開の応用例／●配慮事項

○ 片手で用具を扱うことが難しい場合は、トレーに乗ったボールを運ぶなど、両手で持つ活動から始める。

○ 活動に慣れてきたら、用具によってゴール後に加点するなどのインセンティブをつけてもよい。

○ 両手で持つ活動の場合、走順が後になるほどトレーの上に物を増やしていくことで、チーム内の戦略を考えるきっかけをつくってもよい。

● 運ぶ物については、チームごとに差が出ないよう事前に調整する。

6 活動に対する評価のポイント

・目と手の協応動作は安定していたか。

・用具を落とさずに活動することができていたか。

36 フープでビンゴ

1 ねらい

・目標（的）に向かって、投げる力を調整する。

・ゲームの状況を把握し、戦略的に運動を組み立てる。

2 やり方

○ 2チームに分かれて、走順を決める。

○ 審判の合図でゲームスタート。

○ リレー形式でフープを投げ合い、1投ごとに次に人に代わる。

○ 先にビンゴになった方のチームを勝ちとする。

○ フープが重なった場合は、後から投げた方のチームのフープが優先される。

○ ビンゴがそろう前に両チームのフープがなくなった場合は、ドローとする。

3 教材

・フープ（各チームで使用するため合計2色×9本）

・フープ用のボード及びペットボトル　など

活動のイメージ

 ○展開の応用例／●配慮事項

○ 基本は9ピン（3×3）で実施するが、参加者によっては、ピンの数を増減させてもよい。

○ フープやボードの大きさを調整する。

○ フープまでの距離を調整する。

○ 自分たちでオリジナルのフープをつくる。

● フープが届かなくてゲームが不成立にならないよう、初めはフープから的までの距離が短いところから始める。

● フープの数は、参加者の状況によって調整する。

6 活動に対する評価のポイント

・ねらったところにフープを投げることができたか。

・ゲームの状況に応じて、フープのねらいをつけることができていたか。

第3章　運動プログラム実践編

37 トントン相撲

1 ねらい

・手指の細かい動きを身につける。

・手指の適切な力加減を覚える。

2 やり方

○ チームごとに分かれて、人数を調整する。

○ 自分の力士を作成し、土俵を設置する。

○ チーム内で順番を決め、「はっけよい　のこった」でゲーム開始。

○ 土俵から出る、または人形が倒れたらゲーム終了とする。

3 教材

・土俵（ダンボール）

・力士（画用紙）

・マジック、色鉛筆、はさみ　など

4 **活動のイメージ**

 5 **○展開の応用例／●配慮事項**

○ 土俵の大きさや素材を変える。

○ 人形の大きさや形、素材などを変える。

● 力加減が難しい場合には、土俵は空き箱のような壊れやすい素材ではなく、
空き缶など強度の高いものを用いる。

● 人形のデザインは、本人の独創性を認める。

● 自分でデザインすることが難しい場合には、複数の見本から選択できるよ
うにする。

6 **活動に対する評価のポイント**

・土俵を叩く力加減は適切であるか。

・利き手と非利き手は、分化して使うことができているか。

第3章　運動プログラム実践編

38 ゴーゴーチキンレース

1 ねらい

・ゴールまでの距離感覚や運動を調整する感覚を身につける。

・利き手と非利き手を意識し、運動を工夫する。

2 やり方

○ チームごとに分かれて、試行する順番を決める。

○ 試行者は、始めと終わりに挨拶をすることで、自分が試行することを周囲
に伝える。

○ 1 試行あたり、5 回ずつ行なう。

○ 全員が試行したら、総得点が多いチームが勝利となる。

○ ゲーム終了後にチームの得点を確認し、次ゲームへ向けて作戦を話し合う。

3 教材

・ミニカー

・ラインテープ

・長机

・得点を表示するカード　など

活動のイメージ

5 ○展開の応用例／●配慮事項

○ ミニカー以外の素材（ボールや台車など）でも可。

○ 長テーブルではなく、床でも実施可能。

● 得点や試行回数などのルールは、参加者に応じて柔軟に対応する。

● 強く転がしすぎてしまう場合は、壁の近くにフィールドを設置する。

● 慣れてきたら教室の床や体育館など、フィールドを大きくしていく。

●「コースの途中に障害物を置く」というルールの変更は、ねらいが違ってくるので望ましくない。

6 活動に対する評価のポイント

・力加減は適切であったか。

・利き手と非利き手は分化して、操作することができていたか。

39 街の掃除屋さん

1 ねらい

・どんな順番で活動を工夫すればよいか考える。
・効率よく片付けるために、周囲の状況を判断する。

2 やり方

○ チームごとに分かれて、自分が担当する教材（部材）を決める。

○ 審判は、制限時間や試行回数を説明する。

○ 審判の合図に合わせて、ゲーム開始とする。

○ 制限時間の経過、またはどちらかのチームの片付けが終わった時点でゲーム終了とする。

○ きちんと整理して片付けられていたら 10 点、不足や不備があった場合は 5 点とする。

○ ボーナスカードを提示し、そこに書かれている教材（部材）を正しく片付けられていたら、さらに 10 点を加点する。

3 教材

・割り箸、ペットボトル、A4 判クリアファイル・A4 判コピー用紙
 ＊各 10 セットずつ
・BGM 用音響機器、ストップウォッチ　など

4 活動のイメージ

 5 ○展開の応用例／●配慮事項

○ 人数に応じて、活動の難易度を調整する。

○ 素早く片付けた子から、他の子のお手伝いを認めるなど、参加者の関わり
を意図的に増やしてもよい。

○ 言語の禁止など、必要に応じてコミュケーションの制限を加えてもよい。

● 教材（部材）数や種類は、参加者の実態に応じて柔軟に調整する。

● 制限時間や試行回数などのルールは、参加者に応じて柔軟に調整する。

● 時間の管理が難しい場合は、BGM が止まったら終了としてもよい。

6 活動に対する評価のポイント

・教材（部材）を丁寧に扱うことができていたか。

・教材（部材）の選択は、状況に応じて適切だったか。

第3章　運動プログラム実践編

40 スポーツ・リバーシ

1 ねらい

・友達の動きを見ながら、自分の活動を調整する。

・バランスをとりながら上肢や手指を使って、細かいものを操作する。

2 やり方

○ チームごとに分かれて、人数を調整する。

○ 活動エリアへ、均等にリバーシを配置する。

○ 各チームエンドラインに待機し、審判の号令を受けてゲームを開始する。

○ 指定エリア内でリバーシをひっくり返し、制限時間が終わった時点で、自
チームの色が多い方が勝利となる。

3 教材

・リバーシ（白10枚　黒10枚）

・時計

・BGM用音響機器　など

4 活動のイメージ

5 ○展開の応用例／●配慮事項

○ リバーシの色を増やして、複数のチームで行う。

○ フィールドの大きさやリバーシの素材などを変える。

● 活動する人数によって、チーム数や活動時間は柔軟に調整する。

● 状況に応じて、リバーシの数や人数、一定時間活動禁止など、ルールを調整する。

● 素材が薄いとひっくり返すことが難しくなってしまうため、素材は厚みがあるものがよい。

● 時間の管理が難しい場合は、BGM が止まったら終了としてもよい。

6 活動に対する評価のポイント

・他の友達の動きを見ながら、リバーシを返すことができたか。

・スムーズにリバーシを返すことができたか。

第3章 運動プログラム実践編

41 トランポリンタッチ

1 ねらい

・目標を見ながら、自分の身体を操作する。

・弾性を利用した活動を楽しみながら、バランスをとる。

2 やり方

○ チームごとに分かれて、試行する順番を決める。

○ 制限時間内に、カードに触った回数が得点になる。

○ 一度カードに触れたら、必ずバランスボールに座る。

○ 全員が終わったら、合計得点を集計する。

3 教材

・カード、ゴム紐

・バランスボール、ミニトランポリン

・ストップウォッチ　など

4 活動のイメージ

5 ○展開の応用例／●配慮事項

○ 活動者の実態に応じて、カードの大きさや高さを調整する。

○ 慣れてきたらカードの枚数を増やし、指示したカードに触るようにする。

● 得点や試行回数などのルールは、参加者に応じて柔軟に対応する。

● 転倒の予防として、後方や周囲に人がつくようにする。

● 参加者の運動技能によっては、複数のカードを吊るし、高さによって得点を変えてもよい。

● 必ず、事前に１回ずつバランスボールに座ってからカードに触ることを確認する。

6 活動に対する評価のポイント

・目標を見続けながら、カードを触ることができているか。

・リズミカルに弾みながら、カードを繰り返し触ることができているか。

42 ぐらぐらフィッシング

1 ねらい

・対象物を見続けながら、具体物を操作する。

・上肢を使って用具を操作する。

2 やり方

○ 活動者はバランスボールに座る。

○ 制限時間（30 秒）を超過したら次の人と交代する。

○ 制限時間内（30 秒）は、何匹釣ってもよい。

○ 魚やゴミなど、釣ったものによって得点が変わる。

○ 合計得点が高いチームを勝利とする。

○ バランスボールから立ち上がっている場合は、釣った魚は無効となる。

○ 制限時間の経過、または魚がなくなった時点で両チームの得点を集計する。

3 教材

・つりざお、さかな

・ブルーシート

・バランスボール　など

4 活動のイメージ

 5 ○展開の応用例／●配慮事項

○ 活動内容によっては、魚以外も教材として使用し、ボーナスポイントの加
点や減点を行なってもよい。

○ 慣れてきたら、フィールドから釣り場までの距離を広げる。

○ ランダム的な要素を取り入れる場合は、釣り終えたあとに、それぞれの魚
の得点がわかるようにする。

● 巧緻性の問題から、自力で釣り上げることが難しい場合は、糸や竿を短く
してもよい。

● 後方などへの転倒は、予防的に注意する。

6 活動に対する評価のポイント

・ねらった魚などを見続けながら、釣竿を適切に操作できているか。

・ねらったところに釣り竿を操作することができていたか。

第3章　運動プログラム実践編

43 ラダージャンプ

1 ねらい

・動きの中で、自分の身体のバランスをとる。

・膝を使い、身体を安定させて動きを調整する。

2 やり方

○ チームごとに分かれて、走順を決める。

○ 自分たちのチームの予想ゴールタイムを決める。

○ ラダーの両足（開く）、片足（ケンケン）の目印に応じて、間違えずにできた分がポイントになる。

○ 予想ゴールタイムに近い方にボーナスポイント（10点）が入る。

○ 両チームの予想ゴールタイムの誤差が10秒以内の場合は、速くゴールしたチームにボーナスポイントが入る。

○ 審判の合図でゲームをスタートし、両チームのアンカーがゴールした時点でゲームを終了とする。

3 教材

・ラダー

・ストップウォッチ

・得点板またはホワイトボード

・マーカー、カラーコーン　など

○ ゴールタイムの設定に対して、誤差が少ないチームにボーナスポイントを加点するだけでなく、両チームともに誤差の幅によってボーナスポイントの配分を変えてもよい（例：±10秒以内：10点、±30秒以内：5点〜）。

● 転倒などの予防として、ラダーの周辺には余計なものが落ちていないように環境を整える。

● 活動に慣れてくると単調になるので、ステップの順番や後ろ向きで走るなど、活動にアレンジを加えるとよい。

● 速さを競わせると危なくなるので、目印に応じた得点と予想タイムの誤差が少ないチームが勝利となることを事前に確認する。

6 活動に対する評価のポイント

・「両足」「片足」の動きの切り替えは、スムーズにできたか。

・膝を曲げながら、バランスをとることができていたか。

第3章　運動プログラム実践編

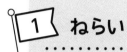

44 ストラックアウトバレー

1 ねらい

・自分にあったボールの打ち方を工夫する（アタッカー）。
・相手に応じて、ボールの投げ方を調整する（セッター）。

2 やり方

○ チームごとに役割を決めて、試行する順番を決める。

○ 先行と後攻を確認し、交互に試行する。

○ 自分がねらう得点を宣言する。

○ セッターからのトスを打つ。

○ コート内の落ちた場所によって得点が代わる。

○ 宣言した番号に当たった場合は、得点を2倍にする。

○ 各チームの試行が終わった時点で、合計の得点を集計する。

3 教材

・ラインテープ
・ソフトバレーボール
・ネット（ビニール紐などでも代用可）
・得点表示のカード　など

4 活動のイメージ

5 ○展開の応用例／●配慮事項

○ 最初は攻撃のみで実施し、慣れてきたらゲーム形式で実施してもよい。

○ ゲームの場合は、宣言したところへねらうのは難しいため、ボールが落ちたところによって得点が変わるようにしてもよい。

○ 最初は、バドミントンコートぐらいの大きさやネットの高さから始めてもよい。

○ 参加者の実態によっては、ネットを1m程度まで下げ、シッティングで実施してもよい。

● 得点や試行回数などのルールは、参加者に応じて柔軟に対応する。

● 事前の準備が大変な場合は、ブルーシートなどに得点の表示やエリア用のラインテープを貼っておくとよい。

6 活動に対する評価のポイント

・ねらったところへボールを打つことができているか（アタッカー）。

・利き手と非利き手は、間違って使っていないか（アタッカー）。

・相手に応じて、トスを出すことができているか（セッター）。

第3章 運動プログラム実践編

45 シッティング風船バレー

1 ねらい

・ルールに応じて、運動を工夫しながら活動に参加する。

・周囲の動きを見ながら、自分の運動を組み立てる。

2 やり方

○ 各チームは、4人とする。

○ バドミントンコートを使用し、ネットの高さは1mとする。

○ 15点を先取した方が勝ちとする。

○ 制限時間やセット数を設定する。

○ ゲーム中に臀部(でんぶ)が床から離れたらリフティングのファールとする。

○ その他のルールはバレーボールに準ずる。

○ 審判は、コミュニケーションの取り方のルールを確認する。

○ サービス権を決めたら、審判の合図でゲームを開始する。

○ ゲーム終了後に、チーム内で良かったことやサポートが欲しかったことなどについて話し合う場を設定する。

3 教材

・ラインテープ、風船（ソフトバレーボールでも可）

・ネット（バドミントン用）

・鈴、スーパーボール　など

4 活動のイメージ

5 ○展開の応用例／●配慮事項

○ 人数を変えることで、活動の難易度を調整する。

○ 運動技能の状況に応じて、ソフトバレーボールを用いてもよい。

○ 言語の禁止など、必要に応じてコミュニケーションの制限を加える。

○ 風船の中に、鈴やスーパーボールを入れると落下速度が変わって面白い。

● 制限時間や試行回数などのルールは、参加者に応じて柔軟に対応する。

● 視覚障害のある参加者がいる場合は、ネットの上ではなく、ネットの下を
転がすルールに変えてもよい。

● ネットの高さは1m程度を想定しているが、参加者の実態に応じて高さを
変えてもよい。

6 活動に対する評価のポイント

・ファールをせずに、プレーすることができたか。

・チームメイトと接触せずに、適切なプレーができていたか。

46 オリジナル・ボッチャ

1 ねらい

・目標に対する距離感や力加減を調整する。
・他者と一緒に運動することを楽しむ。

2 やり方

○ チームごとに分かれて、投げる順番を決める。

○ 投げる人は、始めと終わりに挨拶をすることで、自分が試行することを周囲に伝える。

○ 先攻がジャックボールを投げ、そこからゲームを開始する。

○ 全員が投げ切ったらジャックボールを中心として、フラフープの中に入っている各チームのボールの数を合計得点として集計する。

3 教材

・ボッチャ用ボール（ジャックボール(白) 1 個、赤ボール 6 個、青ボール 6 個）
・ボッチャランプなどの勾配具
・フラフープ（得点計算用）
・得点板またはホワイトボード　など

4 活動のイメージ

5 ○展開の応用例／●配慮事項

○ ボールの色を増やして、複数のチームで行う。

○ フィールドの大きさやボールの素材などを変える。

○ 新聞紙などを使って、自分でボッチャボールを創作してもよい。

● 得点や試行回数などのルールは、参加者に応じて柔軟に対応する。

● 強く投げすぎてしまう場合は、壁や傾斜などを活用し、ボールが戻ってくるように環境を調整する。

● 自力で投げることが難しい場合は、個別のレール（ボッチャランプなどの勾配具）を準備し、自分の意思でボールを転がすことができるように支援をする。

6 活動に対する評価のポイント

・自分なりの投げ方で、動きを工夫しようとしていたか。

・ゲームの状況に応じて、戦略的に活動を組み立てることができているか。

47 ストラックアウト

1 ねらい

・的の大きさや距離に応じて、ボールの投げ方を工夫する。
・ねらった的に対して、適切な力加減を覚える。

2 やり方

○ チームごとに分かれて、投げる順番を決める。
○ 先攻と後攻を決め、投げる人は、始めと終わりに挨拶をすることで、自分が試行することを周囲に伝える。
○ 先攻と後攻で交互に 1 人ずつ試行する。
○ 1 試行は 5 球とし、的に当たったら 5 点、フレームは 2 点、全部当たったらボーナスで 10 点を加点する。また、宣言した番号に当たった場合は、得点が 2 倍とする。
○ 全員が投げ終わったら合計の得点を集計する。

3 教材

・ストラックアウト用の的
・ストラックアウト用のボール（各チーム 5 球）
・得点板またはホワイトボード、カラーコーン × 2　　など

4　活動のイメージ

5　○展開の応用例／●配慮事項

○ 助走をつけて投げることで、体幹の捻りや腕の振りを引き出す。

○ ビンゴ形式や的に当たったらくじを引いて得点が変わるなど、参加者の運動技能に差がある場合は、ランダムな要素を取り入れてゲーム性を高める。

○ ボーナスボールを用意し、その場合はさらに得点が2倍になる。ただし、ボーナスボールを使用する場合は、色を変えた方がわかりやすい。

● 得点や試行回数などのルールは、参加者に応じて柔軟に対応する。

● 試行中は活動のノイズにならないよう、的についたボールには触れないようにする。

6　活動に対する評価のポイント

・投げ方を工夫しながら活動に取り組んでいたか。

・本人ができたと実感している成功場面は確認できたか。

48 くじ引きボウリング

1 ねらい

・ピンに向かって、ボールの投げ方を工夫する。

・くじ引きなど、運動場面におけるランダムな要素を楽しむ。

2 やり方

○ チームごとに分れて、順番を決める。

○ 制限時間や試行回数を設定する。

○ 制限時間や試行回数内で合計得点が多い方が勝利となる。

　1試行（2投）ごとにくじを引き、倒したピンの数とくじ引きの結果で得点を決定する。

　　例：7（ピン）＋2（クジの得点）＝ 9

　　　　2（ピン）× 5（クジの得点）＝ 10　など

○ チーム内の個人得点の合計が多い方を勝利とする。

3 教材

・ペットボトル（10本）

・ラインテープ

・くじ引き、ホワイトボード

・バレーボール　など

4 活動のイメージ

 5 ○展開の応用例／●配慮事項

○ 人数に応じて、活動の難易度（ピンまでの距離や数）を調整する。

○ 活動にあたり、活動者でピンの装飾をしてもよい。

● 参加者の運動技能の差が大きいときは、クジの内容を調整してランダムの
要素を多く取り入れる。

● 制限時間や試行回数などのルールは、参加者に応じて柔軟に対応する。

● 肢体不自由などにより自力で転がすことが難しい参加者がいる場合は、ボー
ルを転がすためのレール（ボッチャランプなどの勾配具）を用いる。

6 活動に対する評価のポイント

・ねらったピンを倒すために、投げ方を工夫することができているか。

・くじ引きなどの、ランダムな要素を楽しむことができているか。

第3章 運動プログラム実践編

49 キックボウリング

1 ねらい

・身体のバランスを取りながら、ボールを蹴る動きを身につける。
・下肢を使った運動を楽しむ。

2 やり方

○ チームごとに分かれて、蹴る順番を決める。
○ 蹴る人は、始めと終わりに挨拶をすることで、自分が試行することを周囲に伝える。
○ 全員がキックしたら、総得点が多いチームが勝利となる。
○ ２チームに分かれて、先攻と後攻を決める。
○ ターゲットになるペットボトルを 10 本並べる。
○ 交互に蹴り合い、全員が蹴り終わったら合計得点を集計する（ゲーム終了）。

3 教材

・フットサルボール（４号球）
・ペットボトル（10 本）
・得点板またはホワイトボード
・ラインテープ　など

4 活動のイメージ

 5 ○展開の応用例／●配慮事項

○ 通常のボウリングのピンの置き方に変化をつけてもよい。

○ ピンによって点数の違いをつける。

○ 参加者の実態によって、ボールの大きさや素材、ピンまでの距離は変えて
　もよい。

● 得点や試行回数などのルールは、参加者に応じて柔軟に対応する。

● 強く蹴りすぎてしまう場合は、壁の近くにフィールドを設置し、ボールが
　戻ってくるように環境を調整する。

● インサイド・キックが難しい場合は、靴にテープなどを貼り、どこで蹴れ
　ばよいかの目印を提示する。

6 活動に対する評価のポイント

・利き足を意識し、蹴り方を工夫することができているか。

・ボールを蹴る活動を楽しむことができているか。

第3章　運動プログラム実践編

119

50 ゲートウェイ・ボール

1 ねらい

・用具に応じて運動を調整する力を身につける。

・用具を操作する運動を楽しむ。

2 やり方

○ 2チームに分かれて、先攻と後攻を決める。

○ 試行者は、バット（2点）とラケット（1点）のいずれかを自分で選択し、始めと終わりに挨拶をすることで、自分が試行することを周囲に伝える。

○ 1試行は5球とし、ゴールを通過するごとに使用した用具に応じた得点が入る。

○ 全ての玉が通過した場合は、パーフェクトボーナスとして、さらに10点が加算される。

○ ゴールの幅は、両脇にコーンを設置し4m程度、ゴールまでの距離は、6m程度とする。

○ 全員が終わったら、合計得点を集計する。

3 教材

・プラスチックバット／ラケット

・テニスボール

・得点板またはホワイトボード、カラーコーン　など

4 活動のイメージ

5 ○展開の応用例／●配慮事項

○ 参加者の実態に応じて、ゴールの幅や距離を調整する。

○ ゴールを通過したらくじを引いて得点が変わるなど、運動スキルの差が大きい場合は、ランダムな要素を取り入れることでゲーム性を高める。

● 得点や試行回数などのルールは、参加者に応じて柔軟に対応する。

● 身体の向きや用具の持ち方については、言葉で説明するよりも、直接身体に触れてフィードバックを行う「身体ガイダンス」が有効である。

6 活動に対する評価のポイント

・用具の持ち方や助走の取り方は、適切であったか。

・活動を介して、成功体験を味わうことができているか。

第 4 章

運動プログラム解説編

園や学校現場において、様々な身体的不器用さが気になる子がいる。そこで本章では、運動と社会性の発達を関連づけながら、協調運動の困難さの背景とその解決のための具体的なアプローチについて、アダプテッド・スポーツの視点を交えながら解説する。

1　身体的な不器用さが気になる子どもたち

（1）発達障害としての身体的不器用さ

　文部科学省（2022）の「通常の学級に在籍する特別な教育的支援を必要とする児童生徒に関する調査結果について」では、通常の学級において学習面または行動面で著しい困難を示す児童生徒の割合が 8.8% と増加傾向にあることが報告されています。しかしながらこの調査では、発達障害の中でも主に学習障害、注意欠如多動症、自閉スペクトラム症が対象となっているため、それ以外の様々な障害や教育的なニーズには深く言及されていないという課題があります。

　国内における発達障害の行政的定義は、発達障害者支援法（2004）に「自閉症、アスペルガー症候群その他の広汎性発達障害、学習障害、注意欠陥多動性障害その他これに類する脳機能の障害であってその症状が通常低年齢において発現するものとして政令で定めるもの」と示されています。ここでは、主に DSM-5（2013）における限局性学習症 / 限局性学習障害（Specific Learning Disorder: SLD）、注意欠如・多動症 / 注意欠如・多動性障害（Attention-Deficit /Hyperactivity Disorder: AD/HD）、自閉スペクトラム症 / 自閉症スペクトラム障害（Autism Spectrum Disorder: ASD）の 3 つの神経発達症 / 神経発達障害が強調されていますが、「その他これに類する脳機能の障害」と必ずしも上述の障害種に限定はされていません。また、発達障害者支援法施行令（2005）では、「政令で定める障害は、脳機能の障害であってその症状が通常低年齢において発現するもののうち、言語の障害、協調運動の障害その他厚生労働省令で定める障害とする」と示されており、「その他」の定義には、言語障害や協調運動の障害も含まれていることが読み取れます。

　ここでいう協調運動（coordination）とは、ある動作に必要な身体の部位や筋肉を連動させ、複数の動きをまとめあげる脳機能のことを指しています。運動は、全身を使う大きな動き（走る、跳ぶ、投げる、寝返りなど）の粗大運動と手指を使う細かい動き（文字を書く、はさみで切る、縫い物をするなど）の微細運動などに大別され、いずれも目と手（見て動かす）、体幹と四肢の協応など、複数の運動を組み合わせることが求められます。ここで生じる協調運動の発達の困難さは、鉄棒の逆上がりやダンス、球技などの体育場面に限らず、構音・発話の音声面、食事場面（ナイフや箸などの使用）、服のボタンや紐結びができない、ハサミがうまく使えない、物をよく落とす、人やもの

によくぶつかる、書字や描画、楽器の操作など日常生活や体育以外の学習場面にも深く関係しています。

　筆者らが実施している SST のプログラムにおいても、身体的不器用さが気になる子どもたちは多く見受けられ、実際に運動発達や学校の体育などに関する相談をいただくこともあります。そこで本章では、子どもの身体的不器用さについて、社会性の発達との関連も踏まえながら臨床的な特性と具体的なアプローチを解説していきます。

（２）発達性協調運動症／発達性協調運動障害とは

　子どもの身体的不器用さを示す困難さの１つに、発達性協調運動症／発達性協調運動障害（Developmental Coordination Disorder: DCD）があります。DCD とは、DSM-5（2013）の神経発達症群に位置づけられている脳機能の障害の１つで、様々な運動を組み合わせる協調運動の発達に困難さを示す障害です。

　図1は、筆者らが実施している用具を使った運動プログラム（50　ゲートウェイ・ボール）の一場面です。このケースでは、上段の介入前の動きではボールの真後ろに立ち、そのままバットを股の下から顎に向かって真っ直ぐ振り上げるような打ち方をしています。その際、体を一度丸め込む動き（屈曲位）から、そのまま腕の振り上げと一緒に体全体も伸び上がる動き（伸展位）へと移行しています。これは上肢、体幹、下肢などの身体部位が一連の動きの中で「曲げる」から「伸ばす」という１つの動きになっていました。このような、動きの広がりにくさ（巧緻性の低さ）は、脳性麻痺や筋ジストロフィー

介入前

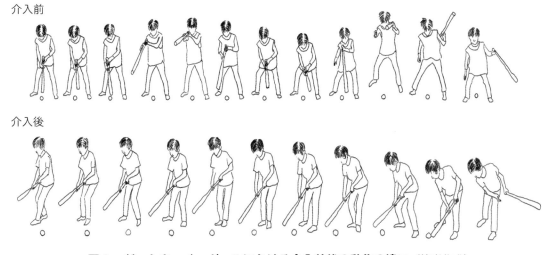

介入後

図1　ゲートウェイ・ボールにおける介入前後の動作の違い（筆者作成）

表1　DCDの診断基準について

A．学習や練習の機会があるにもかかわず、スプーンや箸やはさみを使ったり、自転車に乗ったり、手で字を書いたり、物を捕らえたり、スポーツに参加するなどの協調運動の技能を獲得し、遂行することが暦年齢から期待されるレベルよりも著しく劣る。協調運動の困難さは、物を落としたり、物にぶつかったりする不器用さとして、あるいは、遂行した運動技能の緩慢さや不正確さとして現れる。

B．診断基準Aにおける運動技能の欠如のせいのために、暦年齢に相応の日常生活活動すなわち、日常的に自分の身の回りの世話をすることが深刻かつ持続的に妨げられており、学業または学校活動の成果、就労前後の労働活動、遊びや余暇活動にも深刻かつ持続的な悪影響を与えている。

C．発症は、早期発達段階である。

D．運動技能の欠如は、知的能力障害（知的発達症）や視力障害によってうまく説明されず、脳性麻痺、筋ジストロフィーや変性疾患などの運動疾患に起因しない。

宮原資英（2017）発達性協調運動障害―親と専門家のためのガイド．スペクトラム出版社，16.

など、筋肉や神経系に疾患が生じている場合も協調運動の困難さと誤解されることがありますが、DCDの場合は、これら運動機能の疾患が原因なのではなく、あくまでも協調運動の発達に困難さが生じているという点がポイントです。

　DCDの診断基準については、「A 運動技能の稚拙さ」「B 運動技能の稚拙さが及ぼす影響」「C 小さな時から動くのが苦手」「D 運動技能の習得を困難にする他の障害がない」の4つの項目が設けられています（**表1**）。ここで注意すべき点は、身体的な不器用さがあるから誰もがDCDということではなく、これらの診断基準の全てを満たす必要があります。

（3）他の障害との関連について

　DCDの主な有病率は5～11歳の子どもにおいて5～6％とされており、7歳では1.8％が重度、3％がハイリスクとなっています。また、成人での残存が50～70％といわれています。**図2**に主な発達障害との併存診断についてのイメージを示します。DCDはASDとの関連も指摘されており、Greenら（2009）の研究ではおよそ8割のASD児に身体的不器用さが見られることが報告されています。Watembergら（2007）の研究では、AD/HDとの併存も55.2％と報告されており、DCDとの併存型を北欧では「DAMP（Deficit in Attention Motor control and Perception）症候群」と呼ん

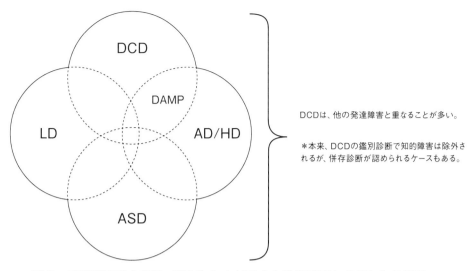

図2　発達障害者支援法（2004）における主な発達障害と DCD との関係

同法令を基に筆者作成

でいます。また、現時点で DCD に対する保険適用のある薬剤は認められていませんが、DAMP 症候群のケースでは、メチルフェニデート（コンサータ）による薬物療法が行われることがあります。

　DCD は身体運動面だけでなく、心理・社会面にも影響が及ぶことが指摘されています（宮原，2014）。実際、筆者の臨床経験の中でも通常の学級や特別支援学級などで、そのような事例を多く見てきましたし、相談も増えてきています。ゆえに多様な教育的ニーズがある子どもたちの支援を考えていく上で、身体的不器用さに着目することは極めて重要な視点であり、運動の困難さから生じる二次的な自尊感情の低下などには、細心の注意を払う必要があるといえるでしょう。ハリーポッターで有名なダニエル・ラドクリフは、子ども時代に粗大運動の問題として自転車に乗れなかったことや、微細運動の問題として靴紐が結べなかったということを DCD の診断とともに公表しています。このような運動行為の困難さは、心理面にも影響を及ぼしており、「体育の授業への参加を拒否する」「図工・美術の作品づくりを嫌がる」といった「学校の授業に対する参加の拒否」や「集団参加を嫌がる」というような二次的な障害が生じている事例も報告されています。

　以上のことから、協調運動の発達に伴う困難さから生じる種々の問題を防ぐためには、運動プログラムの実践はスキルの習得に特化するのではなく、他者との関わりも含めた社会的スキルや自尊感情とも関連づけて、総合的に実施していくことが重要だといえるでしょう。

2 運動プログラムとSSTとの関係

（1）運動発達と社会性との関連

　発達障害や知的障害の子どもたちの巡回相談などで、社会性の課題に関する相談をいただくことがあります。例えば、一緒に机を運ぶことが難しい、力加減ができずにトラブルになってしまう、チームプレーが成立しないなど、日常生活場面や学習場面など、その主訴は多岐に渡ります。しかしながら、このような子どもたちのつまずきの要因を丁寧に読み解いていくと、表出している問題は社会性の発達に見えますが、その背景には運動発達の要因が深く関連していることがあります。よって、運動プログラムを実践していく上では、社会性との関連を考慮しつつ、プログラムを計画・運営していくことを強く意識していくことが大切です。

　運動発達と社会性との関連を考えていくと、幼児期では、一人遊びが多い子が話題になることがあります。他者への関心が乏しい、やりとりが続かないなど、コミュニケーションの問題からASDの症状だと疑われるお子さんも少なくありません。しかしながら、例えば手指の巧緻性に発達のつまずきがあると、どうしても手指を使った細かい操作が難しくなり、積み木を崩してしまうような活動のエラーにつながりやすくなります。本人に悪気はありませんが、周りの友達からするとせっかく積み上げた作品を壊されてしまうので、一緒に遊ぶことに少しずつ距離が出てきてしまいます。そのため、集団の活動から外れてしまうような状況につながります。

　学齢期に入るとそのような問題は、さらに顕在化しやすくなります。特に中学年以降は基礎的な運動スキルから、より高度な運動スキルが必要とされます。これは、体育における走る、跳ぶ、投げるといった粗大運動に限らず、音楽における楽器の演奏や図画工作におけるハサミや筆の使い方などに加え、さらに給食の配膳や清掃などの手指を使った微細な運動も含めると、日常生活場面でも多様な運動スキルを求められることがたくさんあります。

　その結果、定型発達児の多くは達成可能な課題であっても、身体的不器用さがある子どもたちは、自身の運動スキルと学校で求められるスキルとのギャップが大きくなり、一次的な問題である運動スキルの習得に加え、学習の失敗やからかい、嘲笑などによる二次的な問題として、自尊心や有能感の低下といった不適応が生じます。

　ガラヒュー（1999）は、運動発達が高次化されて積み上がっていくモデルを示して

いますが、運動スキルを生活の中で活用する視点においては、澤江（2012）が指摘しているように身体的不器用さがある子どもたちにとっては、必ずしもトップアスリートに求められるような専門的な運動スキルが必要になるわけではありません。そのため、乳幼児期からトップアスリートの運動スキルを習得することを目標とするのではなく、様々な生活を豊かにするための運動発達支援という視点から、基礎的な運動パターンが一般的な運動スキルへと高次化されていく過程で、それらのスキルが余暇や日常生活など「豊かな生活へどうつながっていくか」という生活の多様性と運動との関連に目を向ける必要があるといえるでしょう。

　学齢期も中学年になると「基礎的な運動段階」から、「専門的な運動段階」へと課題が変化していきます。しかしながら、幼児期から学齢期にかけて運動面での問題が顕在化する子どもたちの多くは、生活年齢相当の運動スキルを習得しているとは言い難く、学齢期で獲得する「専門的な運動段階」の段階よりも、その手前の「基礎的な運動段階」で、運動パターンの獲得に未学習や誤学習が発生している可能性が仮定されます。そのため、社会性の問題と運動発達の連関を紐解きながら、新しいスキルを教え込むというよりは、本人がもっている運動スキルを多様な生活場面へ応用できるようにスキルの活用の幅を広げていく視点が大切になります（**図3**）。

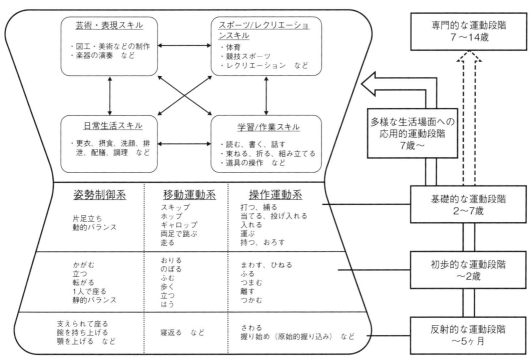

図3　豊かな生活へ向けた運動発達の発展性について（筆者作成）

（2）SSTにおける運動プログラムの位置付けと運動有能感

　本書におけるSSTと運動プログラムとの関連については、SSTの3タイプにおいて特に「小集団ゲームを用いる技法（ゲームリハーサル）」と深く関連します（61ページ参照）。運動プログラムの実践編には、他者と協力、協働するプログラムが複数設定されていますが、本人の自尊感情や他者との関係性にどのような影響を与えるのかをもう少し掘り下げてみましょう。

　運動プログラムは、活動の成功が可視化されやすく、結果がその場でフィードバックされるという特徴があります。例えば、**図1**で示したゲートウェイ・ボールでは、「ボールを打てたか」「ボールがゲートを通過したか」という結果は、本人だけでなく周囲の参加者にもその場で伝わります。この即時的な結果のフィードバックは運動プログラムの大きな特徴であり、成功体験と失敗体験を分ける重要な分岐にもなります。そのため、プログラムの難易度はおおよそ7〜8割程度の成功率を担保することが望ましいといえます。また、ここでの成功体験の積み重ねはSSTの指導の原則である「成功体験を与え、自己効力感を高めること」につながりますが、そこで押さえておきたい運動に関する自尊感情の1つに運動有能感があります。

　運動有能感は、「身体的有能さの認知」「統制感」「受容感」の三因子によって構成されています（**表2**）。『身体的有能さの認知』は、「鉄棒ができる」「走るのが得意」というように、自己の運動スキルに対する因子です。身体的有能さの認知を高めるには、「なに」が「どうなったか」を適切に評価していくことが大切です。よって、その場でできたことを褒めるだけでなく、タイムや回数などの記録を本人に提示し、「どれくらい成長しているか」がわかるようにすることが有用です。

　『統制感』は、運動の結果に対する見通しの因子です。様々な運動の経験から「頑張ってもできない」とあきらめてしまう子どもには、やみくもに「頑張れ！！」と応援して

表2　運動有能感の三因子について

因子名	特徴
身体的有能さの認知	自己の運動能力、運動技能に対する肯定的認知に関する因子
統制感	自己の努力や練習によって、運動をどの程度コントロールできるかという認知に関する因子
受容感	教師や仲間から受け入れられているという認知に関する因子

岡沢祥訓・北真佐美・諏訪祐一郎(1996)運動有能感の構造とその発達及び性差に関する研究. スポーツ教育学研究, 16(2), 145-155. より筆者作成

も、負荷にしかなりません。そこで統制感を高めるには、できること（できる活動）からスタートする「エラーレス」のプログラムを設定し、一つひとつの活動が小さくても成功体験で終えるという方略が求められます。これはスモールステップというよりも、スモールスモールステップというイメージです。

　『受容感』は、運動を介して他者に認められているという因子です。運動には、得意・不得意がありますが、不得意だとしても「友達と一緒に活動することが楽しい」「先生が認めてくれる」といった他者との関わりの視点に着目することで、活動を享受する気持ちが育っていきます。よって、受容感を高めるには「△△がダメ」というのではなく、「○○が良い」という「良い所探し」から、肯定的に本人なりの頑張りを認めることが大切です。

　運動有能感の因子はどれも重要ではありますが、筆者が運動プログラムを指導していく上では、特に統制感や受容感を高めていくことが、生涯スポーツの素地や社会性を育てていくものだと考えています。例えば、運動は得意だけど、体育の時間にはいつも友達と衝突してしまう子がいました。一方で、運動は苦手だけど、休み時間のドッジボールに誘われるのが楽しみで、友達と上手に関わることができる子がいました。この2つの事例から学ぶものは、運動スキルに特化しても活動の保障にはつながらず、運動を介して育つ総合的な自尊感情が運動に対する動機づけとも深く関連するということです。その点では、生活年齢に応じた運動スキルを獲得することが主たるねらいになるのではなく、運動プログラムを介して成功体験を保障していくことや他者との関わりを広げていくことがプログラムのねらいとしては重要であるといえるでしょう。

　このような視点からSSTにおける運動プログラムの位置づけを考えると、運動スキルの習得を第一にするのではく、あくまでも運動プログラムは手段であり、「動的」な活動を介して他者とどのように関わるかという視点から本人の特性に応じた達成可能な課題設定とそのための教材・教具の工夫が求められているといえます。これは、運動スキルの学習に限局したことではなく、豊かな生活へ向けた心を育てる運動発達支援と言い換えることができるでしょう。

3　運動プログラムを実践していくポイント

（1）アダプテッド・スポーツの視点による運動発達支援

　筆者は、運動プログラムを考える際に、アダプテッド・スポーツの視点を大切にしています。アダプテッド・スポーツとは、「個の特性に応じて工夫を凝らすことによって、障害のある人だけでなく、幼児から、高齢者、体力の低い人など、誰もが参加し、楽しむことができるように、ルールや用具を適合（adapt）させたスポーツの総称」のことをいいます。よって、アダプテッド・スポーツは、障害児・者だけを対象とするのではなく、障害児・者を含めた、身体活動をするうえで何らかのニーズのある人全てが対象になります。以下、活動をアダプテッドしていくための3つのステップを解説します（**図4**）。

　アダプテッドの視点から運動プログラムを計画・実施していくためのステップ1は、子どもたちが、どんなことに困っているかというニーズと活動のバリアを把握します。運動が苦手な子どもたちの中には、指導者から示された内容が理解できなかったり、友達と一緒に動くことが難しかったり、ボールが怖かったりと、同年齢の他の子はわかっていたり、できたりすることが極端にできず、様々な困惑や不安を感じていることがあります。そのため、まずは本人に寄り添ったアセスメントがはじめの一歩になります。

　ステップ2として、「対象となる子どもの実態に課題や教材が合っているか」というステップ1の個人に対するアセスメントと課題や教材・教具の適合が挙げられます。ここで注意したいのは、子どものできないことを課題として取り上げ、それをひたすら繰り返すだけでは、失敗体験の積み重ねになってしまうだけで、問題の解決にはつながらないということです。

　ステップ3では、ステップ1と2の評価を踏まえて活動を適正化し、動機づけを高めることがポイントです。

図4　アダプテッドを実施する3つのステップ

（2）アダプテッドの構造とアダプテッド・スポーツの実践方法

　アダプテッドの構造は、「用具（サイズ、重さ、材質、追加）」「集団・仲間（クラスフィケーション、ガイドする、助ける、違いを知る）」「フィールド（サイズ、構造、追加）」「システム（特別ルール、個別化）」の四層によって構成されています（澤江，2022）。本書では、より実践的でわかりやすくするために活動のバリアになりやすい「物」「人」「ルール」の３つの視点から、運動プログラムの「50　ゲートウェイ・ボール」を例として、活動をどのようにアダプテッドしていくかを解説します（**図5**）。

　ゲートウェイ・ボールは、パターゴルフが元になっています。「物のアダプテッド」は、活動で使う教材・教具や活動環境を使いやすい（アクセスしやすい）ように加工・修正することがポイントです。例えば、ゲートウェイ・ボールでは「バット」で打つことが難しいと思った場合は、「ラケット」に変更することも可能です。また、ボールが小さい場合は、大きさや素材を変えることも有用です。このような活動や参加者への配慮や思考の柔軟性は、「ボールなどが当たると痛い」といった物理的安全性だけでなく、心理的な不安や恐怖をどう取り除くかという活動の心理的安全性にもつながります。物理的環境には、ルールのアダプテッドにおけるフィールドの調整や加工も含まれますが、活動に対する物理的なバリアを軽減していくことがポイントです。

　「人のアダプテッド」は、参加者の多様性や関わり方を工夫することがポイントになります。活動のイメージの例として、極端な技能差を補うためにチーム編成で助っ人を

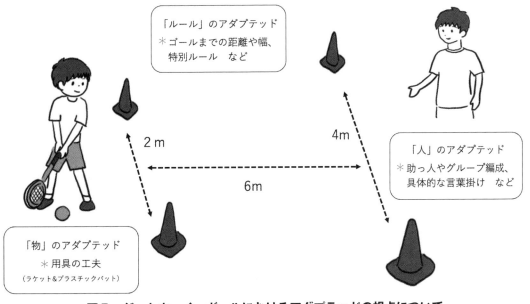

図5　ゲートウェイ・ボールにおけるアダプテッドの視点について

加えたり、チームで意思の疎通がとれるように、１セットごとに作戦タイムを設けて話し合いの場面を設定したりするといったことが挙げられます。運動プログラムに限らず、話し合い活動が停滞してしまうような場面で支援者（学習ボランティアや加配教員等）が加わることも、人のアダプテッドに当てはまります。人的環境には、参加者だけでなく、指導者も含まれます。わかりやすい言葉かけや参加者が安心感のもてる肯定的な関わり方なども、大切なアダプテッドの視点です。

「ルールのアダプテッド」は、活動の中で達成しなければならない課題や守らなければならないルールを参加者の実態に応じて調整します。活動のイメージの例として、ゴールまでの距離やゴールの幅などは、参加者の実態に応じて達成可能な距離を設定しています。また、試行中は応援も含めて私語を禁止するなど、活動に集中できる環境調整を大事にしています。さらに、状況に応じて「打ち直し」や「より前に出て打つこと」を認めるなど、個々の技能差を補うための特別ルールの適用なども含まれます。

（3）まとめ

ここまで、身体的不器用さのある子どもに対する運動プログラムの実践的アプローチとして、アダプテッド・スポーツの視点からそのポイントを整理してきました。運動プログラムを実施していく難しさとして、言語指示と身体感覚の一致という課題があります。例えば、「脇を締める」「肩を入れる」といった感覚的な動きや「もっと」「ちょっと」といった曖昧な言語指示は、ときに具体的な運動のイメージをすることが難しく、言われるほどに動きが混乱し、これまで積み上げてきた運動パターンを大きく崩してしまう子どもたちがいます。このような活動中の余計な刺激をノイズといいますが、新しい動きや運動スキルは教え込むのではなく、活動の中で本人が運動を楽しみ、工夫する過程で望ましい動きが発生するように人や物、ルールなどの環境を整え、多様な動きを引き出していくことが指導者には求められます。そのためには、運動プログラムを実施していくポイントとして示した３つのステップにおいて、「人」「もの」「ルール」の何をアダプテッドし、活動の適正化を図るかが重要です。

しかしながら活動をアダプテッドしていくにあたり、絶対的な正解はありません。その点では、参加者のパフォーマンスや気持ちにどう寄り添っていくかが、活動の成否を評価する重要なポイントになります。ゆえに、指導者が「やりたいこと」や「やらせたいこと」ではなく、活動者のニーズと成功体験に基づくフィードバックを得られることが、最大の成功だといえるでしょう。正解は、きっと子どもたちが教えてくれるはずです。

おわりに

　本書では、運動スキルの高次化よりも、豊かな生活へ向けて運動スキルをどう発展的・応用的に活用していくかという視点に重きを置きました。ここでは、必ずしも運動が得意になることを目的としているわけではありません。あくまでも運動は手段であり、様々な身体活動を享受し、楽しむことができるかを目的にしています。「sports for all」という言葉がありますが、運動やスポーツは、得意な子やできる子だけのものではなく、全ての子どもたちのものです。それでは、子どもたちの運動に対する気持ちに寄り添える指導者には、どんな資質・能力やものの見方・考え方が求められるのでしょうか。

　私自身、体育教師として長く学校現場に関わってきましたが、自分が運動で大きな失敗をしたことがあまりないため、本当の意味で運動が苦手な子どもたちの苦しさに寄り添うことができていないのではという問いがありました。その点では、運動が得意な先生よりも、むしろ運動が苦手な先生の方が、その子に寄り添った指導ができるのかもしれません。しかしながら、子どもたちからすれば運動が上手な先生は憧れの存在で、自分も「運動を楽しみたい、できるようになりたい」という気持ちは、言葉に出さないながらも大きなものがあると実感しています。運動を介して友達に認められたり、受け入れられたりすることは大切ですが、やはり先生に見てもらいたいし、教えてほしい子はたくさんいます。

　「失敗するからもうやりたくない」と活動を拒否する子どもたちの中には、「なんとかできるようになりたい」という思いを言葉に出せない子もいます。「無理をしなくても大丈夫」という指導者側が考える「させない配慮」に対して、その言葉に安心する子どもたちばかりではなく、自分の指導にさじを投げられたと感じる子どもたちがいることも、我々は考えていく必要があるでしょう。本書が、そういった子どもたちの様々な思いや願いを受け止めるきっかけになり、支援の輪が広がっていくことを心から願っています。

　末筆ながら、本書の刊行にあたりこれまで筆者らのプログラムにご協力いただいた子どもたちやご家族の皆様、企画の段階から丁寧にフォローをいただいた学苑社の杉本哲也様、プログラムを一緒に考えてくれたゼミ生たちに深く感謝を申し上げます。

綿引　清勝

本書における SST 編のプログラムは、子どもたちや学生が SST を通じ実際に関わる授業（MSP 土曜教室、講義名は発達指導支援法 1・2）の中から生まれたものであり、彼らとの共同制作といえるものです。SST に限らずあらゆる教育訓練は、障害児者の QOL（生活の質）を重視する視点に立たなければならず、社会適応のみを考え、子どもたちに努力ばかり強いるものであってはならないと考えています。

　ソーシャルスキルとりわけ対人関係スキルは、多くの知的・発達障害児者にとって苦手なものであり、SST を通じ訓練するよりも、合理的配慮の観点から環境調整を工夫すべきとの考え方（TEACCH など）もあります。

　周囲の障害理解も併せ、合理的配慮を増やしていくことは今後も重要ですが、それですべてが賄えるわけではなく、学校・将来の職場などの社会生活において、他者と関わる際には最低限のスキル習得は必要となります。

　本書では楽しみながら苦痛なく、なるべく自然な形でソーシャルスキルを学ぶ方法として、ゲームを使っています。その効果として、①やらされ感覚が少なく動機づけが高まりやすいこと、②他児への積極的なかかわりが生まれ、自発的な仲間つくりにつながること、③生活場面に般化しやすい、即ち学んだスキルを実際の日常の生活場面の中で使いやすいなどがありました。MSP 土曜教室を通じて子ども同士が仲良くなり、教室卒業後も友達として付き合っているケースや、引率で来学された親同士が情報交換・交流する場となったことも、SST プログラムとは直接関連しないものの、副次的な効果でした。さらに嬉しいエピソードとして、教室を卒業しそれぞれ高校生、大学生、社会人になった子どもたちが挨拶に来てくれました。皆立派になり、やっていて本当に良かったと思うとともに、「場」を作ることの大切さを改めて認識しました。

　最後に MSP 土曜教室を通じて関わりをもった榎本拓哉先生（現徳島大学）、歴代の子どもたち及び保護者、教材の写真提供と MSP のポスターを作成いただいた風間翔太様、学生の皆様に深く感謝を申し上げます。

島田　博祐

引用・参考文献

第 2 章

グレイ, C.　門眞一郎訳（2005）コミック会話. 明石書店.

奥田健次（2012）メリットの法則―行動分析学・実践編. 集英社新書.

島田博祐（2019）認知行動面からの支援の工夫―ソーシャルスキルトレーニング. 梅永雄二・島田博祐・森下由規子編著　みんなで考える特別支援教育. 北樹出版.

霜田浩信（2016）発達障害児の SST. 日本発達障害学会監修　キーワードで読む 発達障害研究と実践のための医学診断／福祉サービス／特別支援教育／就労支援.　福村出版, 150-150.

杉山尚子（2005）行動分析学入門―ヒトの行動の思いがけない理由. 集英社新書.

東京都手をつなぐ育成会・神立佳明・小野寺肇（2022）TOKYO 手をつなぐ 2022 7/8[no.578]. 社会福祉法人東京都手をつなぐ育成会.

第 4 章

American Psychiatric Association（2013）Diagnostic and statistical manual of mental disorders. Fifth Edition:DSM-5. Washington,　D.C.: American Psychiatric Association.（日本精神神経医学会 日本語版用語監修　高橋三郎・大野裕監修　染谷俊之・神庭重信・尾崎紀夫・三村將・村井俊哉訳（2014）DSM-5 精神疾患の診断・統計マニュアル. 医学書院.）

ガラヒュー, D. L.　杉原隆監訳（1999）幼少年期の体育―発達的視点からのアプローチ. 大修館書店.

Green, D., Charman, T., Pickles, A., Chandler, S., Loucas, T., Simonoff, E., & Baird, G. （2009）Impairment in movement skills of children with autistic spectrum disorders. Developmental Medicine & Child Neurology, 51, 311-316.

宮原資英（2014）発達性協調運動障害が子どもの発達に及ぼす身体的および心理的影響と支援の可能性 . 小児の精神と神経, 54(2),105-117.

宮原資英（2017）発達性協調運動障害―親と専門家のためのガイド. スペクトラム出版社, 16.

文部科学省「発達障害者支援法」(2004) https://www.mext.go.jp/a_menu/shotou/tokubetu/main/1376867.htm（2023 年 5 月 15 日閲覧）

文部科学省「発達障害者支援法施行令」(2005) https://www.mext.go.jp/a_menu/shotou/tokubetu/main/1377285.htm（2023 年 5 月 15 日閲覧）

文部科学省（2022）「通常の学級に在籍する特別な教育的支援を必要とする児童生徒に関する調査結果について」https://www.mext.go.jp/content/20221208-mext-tokubetu01-000026255_01.pdf（2023 年 1 月 20 日閲覧）

岡沢祥訓・北真佐美・諏訪祐一郎（1996）運動有能感の構造とその発達及び性差に関する研究. スポーツ教育学研究, 16(2),145-155.

澤江幸則（2012）運動発達の問題・障害と支援 . 日本発達心理学会編　無藤隆・長崎勤責任編集　発達科学ハンドブック 6 発達と支援. 新曜社, 219-232.

澤江幸則・秋本成晴（2022）第 14 章　保育におけるアダプテッド. 野内友規・綿引清勝編著　気になる子のインクルーシブ教育・保育　幼稚園教諭・保育士養成課程、教職課程対応. 中央法規出版, 187-197.

綿引清勝・島田博祐（2019）身体的不器用さが気になる児童の用具操作課題における介入効果について－ゲート・ウェイボールを活用した課題指向型アプローチの実践から－. 日本 LD 学会第 28 回大会（東京）論文集, 8-99.

Watemberg, N., Waiserberg, N., Zuk, L., &Lerman-Sagie., T.（2007）Developmental coordination disorder in children with attention-deficit–hyperactivity disorder and physical therapy intervention. Developmental Medicine & Child Neurology, 49, 883-960.

＊第 1 章、第 3 章の引用・参考文献はありません。

執筆者紹介

　綿引　清勝（わたひき・きよかつ）［編集／第 3・4 章］
　　東海大学児童教育学部　特任講師
　　公認心理師・臨床発達心理士・特別支援教育士

　島田　博祐（しまだ・ひろすけ）［編集／第 1・2 章］
　　明星大学教育学部　教授
　　臨床心理士・特別支援教育士 SV

　小笠原　忍（おがさわら・しのぶ）［第 1・2 章］
　　慶応義塾大学グローバルリサーチインスティテュート　特任助教
　　明星大学教育学部・心理学部　非常勤講師
　　公認心理師・臨床心理士

　佐々木　敏幸（ささき・としゆき）［第 1・2 章］
　　明星大学教育学部　助教

イラスト
　やまだ　ひさみ（第 1 章）
　ふくしま　ひろこ（第 3 章）

プログラムサポート（五十音順）
　斎藤　千尋、笹山　桃花、鈴木　純也、諏訪　凪咲、山田　優花、横田　歩夢、吉田　有杜、
　渡部　優奈、明星大学「発達指導支援法 1・2」を受講した歴代の学生

レイアウト　石田美聡（丸井工文社）
装丁　有泉武己

学校や家庭でできる！
SST＆運動プログラムトレーニングブック　　　©2023

2023年 8 月25日　初版第 1 刷発行

編 著 者　　綿引清勝・島田博祐
発 行 者　　杉本　哲也
発 行 所　　株式会社学苑社
東京都千代田区富士見 2 − 10 − 2
電話　03（3263）3817
Fax　　03（3263）2410
振替　00100 − 7 − 177379
印刷・製本　株式会社丸井工文社

検印省略

ISBN978-4-7614-0848-0　C3037

発達障害

こんな理由があったんだ！
「気になる子」の理解からはじめる
発達臨床サポートブック

綿引清勝【著】
イトウハジメ【絵】

A5 判●定価 1870 円

保育所・幼稚園・小学校等の教育・保育現場や子育てで実践的に活用できるように、つまずきの理解と支援方法が満載。

特別支援教育

「子どもの気持ち」と「先生のギモン」から考える
学校で困っている子どもへの支援と指導

日戸由刈【監修】
安居院みどり・萬木はるか【編】

B5 判●定価 2200 円

先生のギモンや子どもの気持ちの背景にある発達特性を知り、適切な支援につなげることができれば、先生も子どもも、もっと楽になるはず！

特別支援教育

「自分に合った学び方」
「自分らしい生き方」を見つけよう
星と虹色なこどもたち

星山麻木【著】
相澤るつ子【イラスト】

B5 判●定価 2200 円

さまざまな特性のある、こどもたちの感じ方・考え方を理解し、仲間同士で助け合うための方法を提案。一人ひとりのこどもを尊重するために。

発達障害

かんたんにできる
発達障害のある子どものリラクセーションプログラム

高橋眞琴【編著】
尾関美和・亀井有美・中村友香・山﨑真義【著】

A5 判●定価 2200 円

ライフスキルトレーニング、動作法、ムーブメント教育、日本でも実践可能な海外のインクルーシブ教育での環境設定などを紹介。

発達支援

感覚と運動の高次化理論からみた発達支援の展開
子どもを見る眼・発達を整理する視点

池畑美恵子【著】

B5 判●定価 2420 円

「感覚と運動の高次化理論」を通した子どもの読み取り方から臨床実践までを整理した1冊。「高次化理論」初学者に最適な書。

言語・コミュニケーション

発達の気になる子も
楽しく学べるグループ課題 69
幼児の社会性とことばの発達を促す教材集

宇賀神るり子・吉野一子【著】

A5 判●定価 2200 円

わかりやすい仕組みと大人の関わりによって子どもが意欲的に参加し、学ぶことができる課題をまとめた言語聴覚士によるアイデア満載の1冊。

税 10％込みの価格です

学苑社

Tel 03-3263-3817
Fax 03-3263-2410

〒 102-0071 東京都千代田区富士見 2-10-2
E-mail: info@gakuensha.co.jp　https://www.gakuensha.co.jp/